零基础学
基金定投

罗斌 著

民主与建设出版社
·北京·

© 民主与建设出版社，2022

图书在版编目（CIP）数据

零基础学基金定投 / 罗斌著 . — 北京：民主与建设出版社，2022.3

ISBN 978-7-5139-2417-7

Ⅰ．①零… Ⅱ．①罗… Ⅲ．①基金－投资－基本知识 Ⅳ．① F830.59

中国版本图书馆 CIP 数据核字（2021）第 271673 号

零基础学基金定投
LINGJICHU XUE JIJIN DINGTOU

著　者	罗　斌
责任编辑	董　卉　金　弦
装帧设计	尧丽设计
出版发行	民主与建设出版社有限责任公司
电　话	（010）59417747　59419778
社　址	北京市海淀区西三环中路 10 号望海楼 E 座 7 层
邮　编	100142
印　刷	衡水泰源印刷有限公司
版　次	2022 年 3 月第 1 版
印　次	2022 年 3 月第 1 次印刷
开　本	710mm×1000mm　1/16
印　张	12
字　数	160 千字
书　号	ISBN 978-7-5139-2417-7
定　价	42.00 元

注：如有印、装质量问题，请与出版社联系。

前言 PREFACE

基金是投资界的一大理财工具，也是一款较容易上手的理财工具。如果有闲钱，那么你可以种一棵"基金树"，让这棵"基金树"背后的理财专家帮你打理钱财，使你的财富积沙成塔，实现增值，带你走向财富自由。

说到基金，就不得不提到与基金相关的一种理财方式——基金定投。

基金定投可以说是非常适合投资新手的理财方式之一，它门槛低，可以小额投入、长期持有，较容易赚取大额收益，因此，我们可以利用时间价值带来的复利让我们的钱袋子鼓起来。

关于投资，在华尔街有一句流传久远的话："要在市场中准确地踩点入市，比在空中接住一把飞刀更难。"但对基金定投而言，入市时间并没有非常严格的要求，只要投资者想做基金定投，任何时间都可以开始。例如，在市场低位时，你正好有大把的闲钱，那么你就可以用这些钱大额地定投基金，获取大量的基金份额，并且把这种投资习惯坚持一段时间。再如，在市场高位时，你手中没有充裕的闲钱，那么你可以跟随市场进行小额投资，等市场越来越跌时，再增加每期的投资额度。

基金定投看似简单，但在实际操作的过程中，还是有很多投资门道需要研究的。当投资者搞清楚这些投资门道之后，就能对自己的定投进行优化，选择更优质的基金品种加入基金定投组合，进而在较长期的定投实践中获取可观的收益。

本书是一本针对零基础投资者的基金定投指南，对基金的相关基础知识做了较为详细的介绍，能让读者有准备地入门基金定投。为了让读者在基金定投中更好地获利，本书介绍了指数基金的一些定投技巧，给出了一些挑选指数基金的方法与策略，以便投资者在基金投资过程中可以种出一棵常青树，进而实现财富的指数化增长。

本书内容由简到难，循序渐进，能帮助投资者逐步进阶基金定投。通过阅读本书，投资者可以学到买基金的策略，掌握卖基金的时机；用一些独特的投资方式以及组合定投技巧，种好手中的"基金树"，定期"浇水"，让其越长越高，硕果累累。

目录 CONTENTS

第1章 基金定投,适合投资新手的理财方式

初识基金定投 　　　　　　　　　　　　　　　　002

放心定投,聚沙成塔的复利带来定投收益 　　　　005

透过定投心态,看你适不适合做定投 　　　　　　008

定投有难点,但没你想的那么难 　　　　　　　　011

开始定投前,请先做好准备 　　　　　　　　　　014

第2章 认识基金,实施基金定投的基础

基金理财入门必备基础知识 　　　　　　　　　　018

认识各式各样的基金,明明白白做基金定投 　　　022

基金的一些基本信息 　　　　　　　　　　　　　027

关注基金定投的相关费用与投资收益 　　　　　　031

基金定投的两大渠道——场内渠道和场外渠道 　　036

第3章 做好基金定投计划，量力而行做投资

思考一下你为什么要做基金定投　　042

梳理现金流，安排你的定投周期　　044

根据需要，量身制订你的定投计划表　　048

熟悉各渠道开户流程，零障碍开通定投账户　　053

天天基金手机App实践，体验基金定投　　059

第4章 挑选优质基金，定投才能稳赚不赔

趁早入场，在正确的时间做正确的事　　066

五大原则，挑选可靠的基金产品　　070

从筛选基金公司入手，打造好定投收益的后盾　　074

深度探究，认识定投亏损问题　　078

三种加仓技巧，轻松应对下跌市场　　082

第5章 多维度分析，发掘具有定投价值的好基金

通过一些关键要素，判断基金投资风格　　088

解读基金招募说明书，看清基金的真实面目　　094

基本面分析，判断基金价格的未来方向　　099

分析基金的各项投资信息，理性投资　　102

第6章 详解指数基金,挑选理想的种子基金做定投

指数基金,定投的主战场　　　　　　　　　　106

熟知指数基金挑选原则,精通基金挑选　　　110

初涉指数基金定投,认准宽基指数　　　　　114

小众的策略加权指数,长期投资收益更好　　118

优秀的行业指数,天生就容易赚钱　　　　　123

第7章 定投进阶,省心省力实现财富滚雪球

学习估值,多"算计"更能赚钱　　　　　　128

三种主要的估值方法,看透基金盈利机制　　132

跟随微笑曲线,做基于估值的定期不定额投资　135

均线与价值平均策略,延伸定期不定额投资　138

天天基金App中的三种智能定投方式　　　　141

第8章 优化基金组合,获取高收益

组合投资入门,了解基金组合的要点　　　　148

三种基金组合形式,总有一款适合定投　　　151

简单三步,构建你的基金组合　　　　　　　154

指数基金常见组合定投的分析　　　　　　　158

第9章 定投基金如何卖？瞄准时机锁定收益

目标收益率止盈，达到目标及时赎回　　162

估值止盈，耐心持有获取牛市高收益　　165

不止盈，长期持有获取分红收益　　168

使用最大回撤止盈法，避免止盈机会错失　　170

第10章 关注潜在风险，坚持正确的基金定投理念

基金投资常见的五大风险及风险衡量　　174

坚持价值投资，及时纠正不良投资习惯　　178

积极控制定投情绪，培养良好的投资素养　　180

附录 基金投资常用术语

第1章

基金定投，适合投资新手的理财方式

在理财热潮的辐射下，"基金定投"这个名词进入了很多投资者的视野。投资新手更是对基金抱有极高的投资热情，也更愿意用这种简单的投资方式来实现自己的一些财务目标。通常来说，基金定投是非常适合投资新手的一种理财方式。不过在应用这种理财方式之前，我们还是非常有必要对其进行一定的了解，这样才能少走一些弯路，更好地实现财富增值。

初识基金定投

说到基金定投，人们说得最多的一组词是"省时、省心、省力"。所以，基金投资者，特别是基金投资新手，可以先认为基金定投是一种比较简单、轻松的理财方式。至于基金定投到底是如何体现它的简单、轻松的，我们接着往下看。

基金定投就是定期投资基金

定投就是定期投资，这种定期投资应用到基金投资当中，就是基金定投了。

所谓基金定投，就是定期地进行基金投资。在基金定投中，定投的日期可以是日定投（每个工作日）、周定投（在每周的周一到周五之间选择一天）、双周定投（在双周的周一到周五之间选择一天）、月定投（在一月当中选择一天）。

投资者可以根据自己的资金状况以及投资目标等，来选择适合自己的定投日期。当投资者设置好自己的定投金额及日期后，一般不需要再花过多的时间和精力来盯着这只基金了，只要到了定投的扣款日，你的资金就会自动划转，购买一定的基金份额。

定投的出现，克服了单一的时间限制，让投资的时机选择变得更多，同时也让资本更加平均化。例如，当市场处于高位时，你的固定金额定期投资购买的基金份额会较少；而当市场到了低位时，你的固定金额购买到的基金份额就会相对较多，这样总体的基金份额数就不会受太大影响。

做基金定投，就好比我们缴纳基本养老保险。基本养老保险缴费期限一般是累计缴满15年，那么在这15年中，我们就是在做养老保险的定投，然后达到法定退休年龄时就可以按月领取基本养老金，从而保证退休后的生活无忧。

基金定投就是这样一种理财思路，当下可以小额定期投入，按计划投资一定的年限，投资期结束之后，我们就可以享受这些投资为我们带来的收益了。

基金定投的两个重要作用

在投资实践中，人们也认识到了基金定投的两个重要作用，这主要体现在强制储蓄和保值增值层面。

1. 强制储蓄

定投的本质其实相当于定期储蓄。只要投资者设置好了自己的定投计划，那么到期就会自动扣款投资基金。所以，基金定投是投资者对自己财富的一种规划，让其主动地打理自己的钱财，参与到投资理财的队伍中。

2. 保值增值

保值增值主要与定投的复利有关，即投资收益可继续投资获利。在复利机制的作用下，投资者将每月闲散的资金以定投的方式投资到基金中，有助于在投资结束后获得一笔可观的收益。

基金定投的优势

无论是投资新手，还是投资老手，都对基金定投抱有很大的信心，也非常享受这种轻松简单的投资模式。而且，基金定投还有一些非常独特的优势，如图1-1所示。

图1-1 基金定投的优势

1. 不用过多考虑投资时点

对于投资者来说，定投基金，一般不需要过多地考虑什么时候应该入场这样的问题，尽管投资的基本原则是"低买高卖"，但基金定投采取的是定期分批买入的投资策略，会自动摊薄基金投资成本，所以没有投资时点的要求。

2. 小额投资

很多基金定投的起点都非常低，一般不会给投资者造成财务压力，几百块钱就能参与。

3. 简单方便

随着基金投资渠道的丰富，有一部智能手机，再掌握一些基本的基金理财知识，投资者就能选择在自己最方便的渠道中开通基金交易账户，进而实现基金定投。而且，基金定投只要设置好之后，投资者无须时常盯着基金走势，只要利用空闲时间掌握所投资基金的大体走势即可。此外，定投计划的管理工作也非常便捷，投资者对自己的定投计划不满意时，可以在手机端或者电脑端随时做一些修改。整体而言，基金定投算是一种非常简单方便的理财方式。

放心定投，聚沙成塔的复利带来定投收益

我们定投基金的目的，就是获得可观的现金流收益。也许基金定投的现金流收益在当下难以兑现，不过，只要我们选择的基金品种是好的，并按时打理，长期持有，甚至会出现聚沙成塔的效果。

安全定投，坐享复利

也许有人会有疑问："这样持续不断地将钱投进去，到底安不安全？我的钱会不会被这些基金公司、基金销售渠道卷跑？"关于这些疑问，投资者大可不必担心，投资基金其实是非常安全的。

首先，我们购买基金所花的钱，最终都不会放在基金公司，也不会落到基金经理手里，这些钱会被托管到具有一定资质的托管银行或金融机构中。所以，投资者可以放心地定投基金。

其次，一家银行想要成为托管银行，必须满足一些严苛的条件。

现行的《证券投资基金托管业务管理办法》第八条有以下规定。

第八条 申请基金托管资格的商业银行及其他金融机构（以下简称申请人），应当具备下列条件：

（一）净资产不低于200亿元人民币，风险控制指标符合监管部门的有关规定；

（二）设有专门的基金托管部门，部门设置能够保证托管业务运营

的完整与独立;

（三）基金托管部门拟任高级管理人员符合法定条件,取得基金从业资格的人员不低于该部门员工人数的1/2;拟从事基金清算、核算、投资监督、信息披露、内部稽核监控等业务的执业人员不少于8人,并具有基金从业资格,其中,核算、监督等核心业务岗位人员应当具备2年以上托管业务从业经验;

（四）有安全保管基金财产、确保基金财产完整与独立的条件;

（五）有安全高效的清算、交割系统;

（六）基金托管部门有满足营业需要的固定场所、配备独立的安全监控系统;

（七）基金托管部门配备独立的托管业务技术系统,包括网络系统、应用系统、安全防护系统、数据备份系统;

（八）有完善的内部稽核监控制度和风险控制制度;

（九）最近3年无重大违法违规记录;

（十）法律、行政法规规定的和经国务院批准的中国证监会规定的其他条件。

所以,你用来定投基金的钱投出去之后一般是非常安全的。关于基金的运作原理等相关内容,我们会在介绍基金的相关内容时给大家讲到,读者无须着急,此时只需明白自己投出的钱是安全的就好,而且你还会享受到复利收益。

复利,基金定投的奥秘

复利被用来证明长期投资的有效性,就是说复利在投资中更具有优势,能带来更丰厚的收益。那么,单利和复利到底是什么呢？

（1）单利,是按照固定的本金计算利息的方法。

$$利息 = 本金 \times 利率 \times 计息期$$

（2）复利，是指每经过一个计息期后，都要将产生的利息加入本金，一起计算下一期的利息。

$$利息 = 本金 \times (1+利息)^{计息期}$$

为了更加直观地理解单利与复利之间的区别，我们来看一个例子。

假设某人打算将10 000元存为5年的定期存款，年利率为4%，单利和复利下的最终收益如下。

单利方式下的本息和=10 000+10 000×4%×5=12 000（元）

单利方式下的利息=12 000−10 000=2 000（元）

复利方式下的本息和=10 000×（1+4%）^{5}≈12 167（元）

复利方式下的利息=12 167−10 000=2 167（元）

这是用了5年的时间来体现单利和复利的差别，可见，复利收益要好于单利收益。如果将这个定期存款的时间再继续延长，那么最终的利息收益差别会更加明显。

当你投资基金时，你所获得的收益，正是基于这样的复利原理而得来的。复利对收益的放大，甚至被称为"世界上的第八大奇迹"。

投资基金时，我们的复利收益与投资时间及收益率有着重要的关系。

（1）时间：一般来说，投资的时间越长，投资收益越高，即投资回报与投资时间成正比关系。例如，当投资者面临确定的收益率，实行定期定额投资时，定投的期限越长，那么最终获得的投资收益越高。

（2）收益率：可以理解为利率，利率越高，投资结束时获得的收益也越高。所以，在定投时，投资者还要关注收益率。当预期的收益率更高时，在相同的投资期限内，即使每期的投资金额一致，收益率更高的基金也会获得更可观的收益。

透过定投心态，看你适不适合做定投

我们假设阅读本书的投资者中就有已经在做定投的人，那么我们想问：你有没有对自己的定投怀疑过？有没有依据自己对市场的判断而对定投做过一些调整？这样调整的结果是什么？有没有印证你的想法？其实，作为一名普通的投资者，有这样的想法是可以理解的，这反而更容易让我们发现一些与定投心态有关的问题，以便及时解决。

所谓定投心态，就是把这件事做到底

有人形象地将定投比作还房贷，你可以试想一下，当你贷款买到心仪的房子并住在里面时，还房贷是不是一件自然而然的事？为了不让自己的征信受到影响，你肯定会在约定的扣款日到来时将钱打到房贷扣款银行账户中；一般情况下你也不会提前还款，钱能在自己兜里多待一天是一天。

通过还房贷这件事，你是不是对定投的内在心态有一定的理解了？

所以，做基金定投，贵在坚持，根据自己的定投计划将定投这件事做到底才是我们所提倡的。因此，即使在定投的过程中你发现股票市场开始出现下跌，但此时并不是你定投扣款的日期，你最好不要因为买在低点这样的观念而提前进行你的定投扣款操作。这是因为，你认为的那个相对便宜的时刻只是你认为的，只是凭自己的主观判断就认定那一刻的价格是便宜的，可以买到更多的基金份额。但实际上，我们不推荐投资者凭借自己的主观判断来对投资计划进行过多的改变。即使凭借自己的主观判断你获得过几次成功,但这并不能代表主观判断会长期有效。所以,你要承认,我们都无法准确判断市场短期的涨跌。

把定投这件事做到底就是定投需要具备的心态,那么在这种基金定投心态下,你会认为哪些人更适合做基金定投呢?

适合基金定投的那些人群

从基金定投具备的一些优势以及需要的心态来看,以下人群比较适合基金定投,如图1-2所示。

图1-2 适合基金定投的人群

1. 忙于上班的工薪族

有很大一部分刚步入职场的工薪族,他们挣得相对较少,但日常开销较大,几乎都成了"月光族",如果能剩余一点儿钱的话,那么小额的定期基金投资就比较适合他们了。此外,一般的工薪族在白天都没有充裕的时间来打理自己的投资账户,更别说盯着大盘走势了。所以,基金定投这种只要一次性设置好,到时候自动扣款的理财方式,就非常适合这类忙于上班的工薪族。

2. 缺少投资经验的人士

很多缺少投资经验的人士,可能更倾向于在投资市场中追涨杀跌,但是在这样的投资认知中，投资者往往很容易陷入亏损的泥沼。投资者本身缺少经验，很难把握投资时机，等反应过来时，时机已经错失，于是一场投资下来，将自己折腾得"伤痕累累"。因此，对于没有投资经验的投资新手而言，选择基金定投，更有利于减少你的损失，还能通过复利机制在未来获得高收益。

3. 在未来某一时点有特殊资金需求的人士

例如想要为孩子准备教育金的人，想要在退休后过上优质老年生活的人，想要走出租房给自己买房的人，等等，只要人们在未来某一时点有各种原因的资金需求，那么此时制订相应的定投计划进行基金投资就会显得非常正确。你有没有图1-3所示的这些计划，有的话，那你就要尽早地规划自己的基金需求动向，及时地用小钱做投资，为未来攒下一笔大钱。

图1-3 适合做基金定投的计划

4. 讨厌高风险的投资者

定期定额投资具有加权平均投资成本的优点，能有效降低整体投资的成本，使得价格波动的风险下降，这可以说是讨厌高风险投资者的福音，基金定投能让他们更稳健地获取收益。

定投有难点，但没你想的那么难

了解了基金定投的基础知识后，我们可能会在潜意识中将基金定投与完美之间画上等号。其实不然，这个等号先不着急画，因为在基金定投中，还存在一些难点。正如世事无完美，像通货膨胀这种对定投充满挑战的因素，我们就没有办法将其克服掉了，只能默默地选择接受。除此之外，还有一系列小磨难，也在等着投资者来挑战。

通货膨胀，你还真的拿它没办法

不只是基金定投，其他任何投资都面临着通货膨胀这样一个困境。即使我们在10年前就每月拿出了1000元做投资，10年过去了，这期间，指数涨跌起伏，而通货膨胀也一直存在，所以，现在的1000元与当初的1000元之间是不同的，即现在的1000元买到的基金份额不同于当初1000元买到的基金份额。

概括起来就是：随着时间的推移变化，在通货膨胀等因素的作用下，相同金额能买到的同一基金份额很可能是在减少的。即定投资金的购买力是在慢慢降低的。这就相当于你的资金的购买力追不上物价上涨的步伐。

通货膨胀是一个不可控制的客观因素，尽管我们无法对它做什么，但我们还是要认识它。

定投要跨越的那些门槛

可以说,没有一个完美的投资工具,只有适合某类投资者的投资工具。在以往的投资实践中,我们发现,定投其实也存在一些劣势。关注事物的正反面,是我们看待某一事物时应该具有的态度。所以,关于基金定投,我们也要从正反两个方面入手,对其进行一个全面的审视。

1. 定投平摊成本的效果在投资后期变差

定投是分批买入基金份额的一种投资方式。当市场处于低位时,可以买入的基金份额较多;当市场处于高位时,可以买入的基金份额较少;综合下来就能摊薄投资成本。正是因为基金定投具有这种优势,所以才成为投资者比较热衷的投资方式。

然而,在实践中,有经验的投资者可能会发现,随着定投时间的拉长,定投摊薄投资成本的效果会变差,这是为什么呢?我们来看一个例子。

小赵从某年1月开始定投,他每月的定投金额是1000元,我们来看他连续定投5个月的成本分摊效果,见表1-1。

表1-1 小赵连续定投5个月的成本分摊效果展示

月份	定投金额(元)	总定投成本(元)	占总定投成本的比例
1月	1000	1000	1
2月	1000	2000	1/2
3月	1000	3000	1/3
4月	1000	4000	1/4
5月	1000	5000	1/5

可以看到,5个月的定投坚持下来,每一期的定投金额在定投总成本中的占比开始变小,如果小赵将这样的定投坚持5～7年,定投分摊成本

的效果会变得越来越差。也就是说,越靠近投资的后期,定投金额分摊成本的效果就越差。这是为什么呢?

这是因为,随着定投时间的延续,定投的总成本开始积累,这样每一次的定投金额在总成本中的占比就会越来越小,其在分摊成本方面的效果会越来越差,即使是在低位点,定投金额对总投资成本的影响也会变小。

2. 持之以恒才有好结果

做定投,贵在坚持。就定投的期限,一般来说,坚持3~5年是比较正常的,也有投资者坚持7~8年,甚至10多年的也大有人在。

尽管定投看起来并不是一件难事,但动辄就是几年的定投,你有没有想过你真的可以坚持下来吗?如果在定投的过程中突然出现了一些急需用钱的情况,你是不是还会镇定地坚持定投呢?或者是定投过程中行情一直不好,你会不会因为挫败感而放弃定投呢?

把定投长期坚持下来,对每一位普通投资者来说,都是一件较难的事,但我们还是建议投资者多坚持几年,最好不要在定投计划的中间停顿,从而用相对稳定的现金流去为未来赢取更好的定投效果。

其实,要做到坚持定投,还有一件事投资者也要注意到:急躁。急躁往往表现为对定投没有耐心,往往等不到基金净值成长起来,就将基金抛了出去。通过对历史数据的观察,市场中的大牛市往往需要5~8年才能出现一次。所以,定投过程中一定要避免急躁,坚持将一件正确的事做到底。这样,不止你的财富会更多,你的思维也将朝着富人思维转变。

3. 踩到差基金这个坑

百密一疏也是常有之事,尽管我们为定投做足了准备,但难免会选到差基金,这就有点儿像拿起石头砸自己的脚,疼痛不是谁都能承受的。因此,在基金定投的过程中,如果选到了一只风格偏移较大、业绩较次的基金,必然会让我们深受其害。所以,掌握一些挑选基金的方法,选择可靠的基金做定投,对维持我们的定投之树常青至关重要。

开始定投前，请先做好准备

认识定投是我们开始定投的先发动力。如果要做基金定投的话，我们需要做些什么呢？具备怎样的条件才能更好地坚持定投？关于这一系列问题，我们就从自身的实际情况出发，看看要做哪些准备才能让我们的定投计划更好地实施。

如果可以，请趁早投资

趁早投资是很多投资达人给出的建议，因为你越早投资，投资持续的时间就会越长，能享受的投资收益也就越丰硕。

但现实可能往往与我们这种趁早投资的想法相矛盾，因为对大多数人来说，较早的时候，通常是没有闲钱的，就算是有投资的愿望，他真正的投资实践也可能会延期，也就是等到自己攒下一定的资金后才开始投资。

虽然现实情况如此，但我们依然要坚定不移地坚持趁早投资，至于为什么要这么执着地坚持趁早投资，我们来看一个例子。有A、B、C三位投资者，他们分别从20岁、25岁、30岁开始按月定投，每月定投1000元，一直定投到60岁，在他们投资的过程中每年的年化收益率为8%。利用定投计算器得到最终的定投结果显示：投资者A从20岁定投到60岁的投资收益约为324万元，投资者B从25岁定投到60岁的投资收益约为216万元，投资者C从30岁定投到60岁的定投收益约为142万元。

通过这些数据，你是不是能更加直观地了解趁早投资的威力？

看到这里，你是不是对定投更加心动了，是不是开始盘算自己银行卡中的钱该怎么用了？所以，对于初入职场的人来说，即使你没有可供投资的大钱，但小钱还是可以凑出来的，每个月定投几百块钱，都是做理财的手段。

找对方法，养成打理自己财富的好习惯

为了能有闲钱投资，我们需对自己的财富进行审视，打理自己的财富。一般来说，打理个人的财富，最好是能坚持以下三个行为习惯。

1. 每月开支明细化

当你每月工资到手后，根据你以往的生活开支去向，你可以将每个月的收入按开支方向划分为几部分，例如餐饮开支、孝敬父母的开支、交通开支、房贷开支、购物开支等，每一部分设定一个金额，并照着这样的金额花钱。划分好开支之后，再看看自己还剩多少钱，为了保本，可以选择将一部分钱存银行，如果还有剩余的钱，可以拿来做投资。

如果不知道怎么计算自己的闲钱，那么这里有一个公式可以帮到你。

$$每月闲钱 = （月收入 - 月支出）\div 2$$

2. 坚持记账

记账除了能防止遗忘之外，还能让你通过回顾自己的开支数据，发现一些可以开源节流的环节。试想一下；一本清晰的账册摊开在自己眼前时，你是不是能从账册中发现自己的钱到底花到哪里去了？这对你优化开支非常有帮助。

目前，市面上推出了很多很好用的记账App，如果你觉得手工记账非常烦琐时，可以选择一款适合你的记账App来帮助你实施记账。

3. 为将来的开支做预算

在坚持记账的基础上，我们会对自己过往的钱财流向有一个清晰的把握，明白自己的钱是如何花掉的，这样我们就能对未来的花钱方向有一个大致把握，从而可以有针对性地进行增加收入和节省开支的预算规划，把钱花在最需要的地方，把能省的钱最大限度地省出来。当然，这并不是不让你随便消费，而是鼓励你合理消费。

无论何时，都要规划好家庭日常消费

1. 必需消费要往划算里买

必需消费，例如衣食住行，是维系家庭生活的重要保障，这一块是我们的常年消费。那我们是不是有这样的想法：能不能把一些东西用更少的钱一次性多采购呢？现在，各大电商平台在一些节日的优惠力度还是非常大的，那么我们就要利用好这样的机会，有选择性地将一些比较容易消耗的必需品多买一些，这既能让我们买得实惠，也能让我们避免大量囤货导致的资金占用，从而在必需消费这一块节省出钱财。

2. 给可选消费降降级

可选消费，例如车子、电子产品、旅游等，它们的作用在于提高我们的生活质量。那么，在我们的基本生活质量不受影响，这些消费不会给我们的生活带来过多价值时，例如车子，只是我们的代步工具而已，没必要花更多的钱去买一辆豪车；再如日常使用的手机，在各款产品功能都差不多时，我们没必要花多余的钱买最新款。类似这样的日常消费，我们就可以选择给它降降级，从而省出钱做其他的事。

3. 定期地进行开支检查

当我们做好家庭日常消费规划并开始实施之后，我们还需要定期地对规划执行情况进行检查回顾，以便及时检查有没有出现错误，花在必需消费上的钱有没有增多，是否将可选消费提上去了，等等。总之，在家庭日常消费规划实行的时候，一定要坚持定期检查这项工作。

第2章

认识基金,实施基金定投的基础

做基金定投,不是光有定期投资就好了,还要具备一定的基金基础知识。认识证券投资市场的基金,了解基金的运作原理,发现各类基金的特点等,对帮助投资者选择可靠的基金做投资至关重要。证券市场的基金种类非常丰富,选对基金做投资是投资取胜的关键。

基金理财入门必备基础知识

基金是证券市场常见的三大投资工具之一。因为具有投资风险较小、稳健、易于打理等特点,基金成了一种非常亲民的理财工具。对于每一位想要从事基金定投的投资者来说,了解一些基金的基础知识,才能为进入基金市场做基金定投打好基础。

什么是基金

关于基金的概念,在不同的国家一般会有不同的称呼,例如,在美国,基金是指共同基金,用来投资证券、黄金、期货、房地产等。

在我国内地,基金可能会有不同的含义,例如慈善基金、福利基金、扶贫基金等,它们虽然被称为基金,但是很少用来投资证券,甚至有的根本不用来投资,只是作为一笔资金发挥它应有的作用。在投资领域,我们所说的基金是一种投资工具,也就是证券投资基金,它是证券投资市场的主角之一,也是我们学习基金定投要了解的主要对象。

证券投资基金是一种利益共享、风险共担的集合证券投资方式,它通过发行基金单位集中投资者的资金,由基金托管人托管,基金管理人管理与运用资金,从事股票、债券、外汇、货币等金融工具的投资,以获得投资收益和资本增值。

实际上,证券投资基金就是将投资者的钱汇集起来,交给专业的投资机构去投资股票、债券等来实现资本增值，进而让投资者获得一定的投资收益。

基金的运作流程

基金是一种证券投资工具，那么它到底是如何运作的呢？

投资基金的运作流程一般有基金的发起与设立、基金的销售、基金的投资管理、基金资产的托管、基金申购或赎回份额的登记、基金的估值与会计核算、基金的信息披露以及其他运作活动。

概括起来，基金的运作流程主要分为三个环节，如图2-1所示。

图2-1　基金的运作流程

1. 汇集投资者的资金

通过基金购买渠道汇集基金投资者的资金成为基金。

2. 资金管理人将资金用于投资

资金管理人（一般是基金管理人委托的投资专家，即基金经理）投资运作基金。投资者、基金管理人、基金托管人通过基金契约方式建立信托协议，确立投资者出资、基金管理人受托负责理财、基金托管人负责保管资金三者之间的信托关系，基金管理人与基金托管人（主要是银行）通过托管协议确立双方的责权。

3. 分配收益

基金管理人经过专业理财，将投资收益分配给投资者。

基金的当事人

通过对基金基本运作流程的了解，投资者可能会发现，在基金的运作流程中，存在三方主要的当事人，分别是基金投资者、基金管理人、基金托管人。

1. 基金投资者

基金投资者是基金出资人、基金资产所有者和基金投资收益受益人。基金投资者可以是个人，也可以是机构。

2. 基金管理人

基金管理人是负责基金资产的投资运作和日常管理的机构，可以看作是投资人雇用的投资专家。基金管理人由基金管理公司担任，主要职责是按照基金合同的规定，负责基金资产的运作，做好风险控制，为基金投资者赚取投资收益。

3. 基金托管人

基金托管人是依据基金运行中"管理与保管分开"的原则对基金管理人进行监督和保管基金资产的机构，是基金持有人权益的代表。

我国规定，经批准设立的基金应委托商业银行及其他取得基金托管资格的金融机构作为托管人。其职责主要体现在基金资产保管、基金资产清算、会计复核以及对基金投资运作的监督等方面。

基金的三方当事人在基金的运作过程中形成了紧密的关系：基金持有人委托基金管理人投资，委托基金托管人托管；管理人接受委托进行投资管理，监督托管人并接受托管人的监督；托管人保管基金资产，执行投资指令，监督管理人并接受管理人的监督。

在基金三方当事人的促成下，基金的投资运作流程可以通过图2-2看得更加清晰。

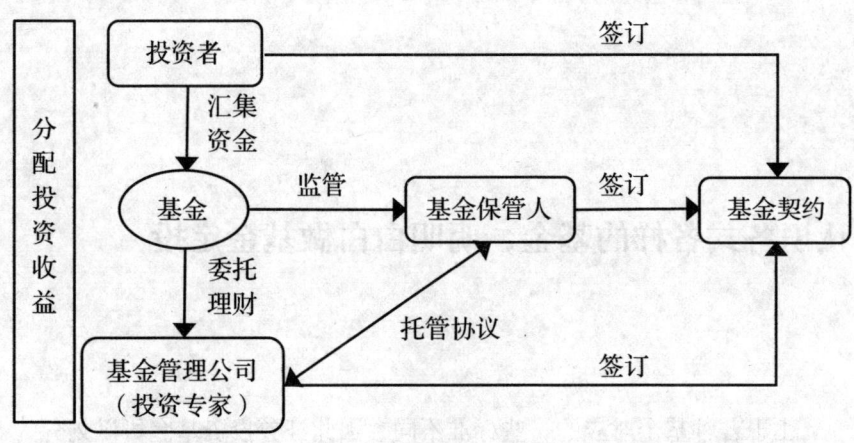

图2-2 基金投资运作流程

认识各式各样的基金,明明白白做基金定投

由于各种基金对应的一些标准不同,因此证券投资基金可以划分为不同的种类。根据研究发现,实施基金定投的过程中,有些基金就天生适合做定投。因此,我们非常有必要认识一下各式各样的基金。

根据基金的运作方式划分基金

根据基金的运作方式不同,基金可以划分为两类:开放式基金和封闭式基金。

1. 开放式基金

没有固定的存续期限,基金份额不固定,基金份额的持有人可以在基金合同约定的时间和场所申购或赎回基金份额的一种投资基金。

2. 封闭式基金

有固定的存续期限,基金份额在合同期限内固定不变,基金的持有人在该合同期限内不得申请赎回,但是可以在依法设立的证券交易所交易基金份额的投资基金。

根据基金对应的组织形态划分基金

根据基金对应的组织形态的不同,基金可以分为公司型基金、契约型基金。

1. 公司型基金

公司型基金是指基金本身是一家由具有共同投资目标的投资者组成以盈利为目的的股份制投资公司，公司通过发行股票或受益凭证的方式来筹集资金。投资者购买了该公司的股票，就成为该公司的股东，凭借股票领取股息或红利，分享投资收益。

2. 契约型基金

契约型基金又称单信托基金，指专门的投资机构（银行和企业）共同出资组建一家基金经理公司，基金经理公司作为委托人通过与受托人签订"信托契约"的形式发行受益凭证（即基金单位持有证），并以此来募集社会上的闲散资金。

根据投资风格划分基金

根据投资风格的不同，基金可以分为成长型基金、收入型基金和平衡型基金。

1. 成长型基金

成长型基金指基金管理人为了实现基金资产长期增值的目标，将基金资产投资于信誉度较高的、具备长期成长前景或能够长期盈余公司的股票的投资基金。

2. 收入型基金

收入型基金是指基金管理人不注重公司资本增值，把基金主要投资于可带来现金收入的有价证券（历史分红记录不错的绩优股和债券等），以获得当期的最大收入为目标，将所得利息和红利都分配给投资者，从而使投资者赚取稳定收益的投资基金。

3. 平衡型基金

平衡型基金是指投资目标既要获得当期收入，又要追求长期增值的投资基金。平衡型基金通常是把资产总额的25%~50%用于优先股和债券，其余的用于普通投资，以保证资金的安全性和营利性。

根据投资对象划分基金

根据投资对象的不同，基金可以划分为股票基金、债券基金、货币基金、混合基金、指数基金等。例如，我们在一些基金软件页面看到的基金分类，就有按基金的投资对象划分的基金类型，如图2-3所示。

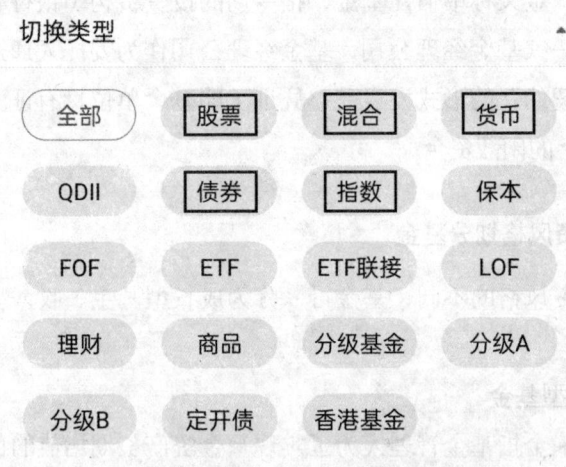

图2-3　基金投资软件页面的基金类型展示

1. 股票基金

股票基金是指以股票为主要投资对象的基金，其80%以上的基金资产投资于股票。

2. 债券基金

债券基金是指以国债和金融债等固定收益类金融工具（占基金总资产的80%以上）为主要投资对象的投资基金。由于投资的产品一般收益比较稳定，所以债券基金又称为固定收益基金。

债券基金还有一些特殊分类，即按基金交易的收费方式不同可以分为A份额（前端收费）、B份额（后端收费）、C份额（没有申购费与赎回费，但收取销售服务费）三类基金或A份额、B份额两类。

3. 货币基金

货币基金是指以国库券、大额银行可转让存单、商业票据、公司债券等货币市场短期有价证券为投资对象的投资基金。

4. 混合基金

混合基金是指同时投资于股票、债券和货币等工具，没有明确投资方向的投资基金。

5. 指数基金

指数基金是指以各种证券市场的价格指数为投资对象的投资基金。指数基金按照某种指数构成的标准购买该指数包含的全部或者一部分证券的基金，其目的在于达到与该指数同样的收益水平，实现与市场同步成长。

其他几类特殊的基金

1. FOF

FOF（Fund of Funds），也称为"基金中的基金""母基金"，投资范围仅限于其他基金，也就是通过投资其他基金而间接地持有股票、债券等证券资产。

2. LOF

LOF（Listed Open-Ended Fund），指"上市型开放式基金"。

3. ETF

ETF（Exchange Traded Funds），指"交易型开放式指数基金"，也称为"交易所交易基金"。它是一种在交易所上市交易的、基金份额可变的开放式基金。

4. QDII

QDII（Qualified Domestic Institutional Investor），指"合格的境内机构投资者"。它是在一国境内设立，经该国有关部门批准从事境外证券市场的股票、债券等有价证券业务的投资基金。

5. 保本基金

保本基金一般是指将大部分资金投资于定息工具（货币市场、债券），这部分资金主要承担保本作用；而将其他少部分资金投资于高风险高收益的股票、期货、期权及其他衍生工具的投资基金。它属于一种半封闭式的基金，投资期比较长，一般至少要3年。

基金的一些基本信息

每一只基金无论属于哪一类基金，都有属于自己的基本信息，例如，每一只基金会有一个名称、代码。每一只基金的成立时间也不一样，成立时间较早的基金可以称为老基金，而成立时间较晚的基金可以称为新基金。此外，每一只基金的净值和规模也会有所不同。

基金的名称、类型

如图2-4所示，我们在天天基金网上点开一只基金，首先能看到一些关于这只基金的基本信息。这里我们就先来看一下这些基本信息中的基金名称、基金类型。

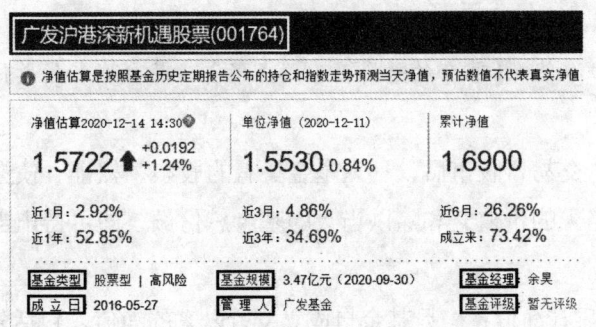

图2-4 一只基金的基本信息展示

1. 基金的名称

基金的名称由两部分组成：中文名称和基金代码。基金的中文名称一般是由基金公司确定的；而基金的代码则是证监会审批通过后随机分配的，没有规律可言。

从上面的"广发沪港深新机遇股票"基金的名称可以看出，该基金是一只股票型基金，风险相对较高。所以，基金名称能在一定程度上反映基金的一些投资风格，但基金的投资标的并不是一成不变的，其名称也没有较为严格的导向性。

2. 基金的类型

正如千人千面一样，每一类型的基金都有属于自己的一些特征。当投资者准备投资一只基金时，一定要熟悉这只基金的类型，这样你对这只基金的风险、风格等特征就会有所了解，从而判定它适不适合自己。

基金的净值、规模和成立时间

1. 基金的净值

从图2-4中可以看到，基金的净值分为单位净值、累计净值、净值估算。

（1）单位净值：每份基金单位的净资产价值，计算公式如下。

$$单位净值 = (基金的总资产 - 总负债) \div 基金发行的总份数$$

在每个交易日收市后，一只基金持有的股票、权证、债券、现金、票据等在当天的价值之和除以当天的基金总份额，即可得出当天的单位净值。

（2）累计净值：一只基金自成立发行以来的净值，包括分红、拆分份额等。

基金的单位净值与累计净值之间存在表2-1中这样的关系。

表2-1 基金单位净值与累计净值的关系

关系	含义
单位净值=累计净值	该基金自发行以来没有发生过分红、拆分等事项
单位净值<累计净值	该基金自发行以来发生过分红、拆分等事项

通常，基金单位净值与累计净值越高，在一定程度上反映了基金的盈利能力越强，当然，还要结合基金的成立时间和市场因素综合考虑。

（3）净值估算：一些基金网站根据一只基金最近的持仓信息以及一些修正计算方法，并结合当时股市情况而估算出的一个基金单位净值。

净值估算主要是为了迎合部分投资者想要了解基金单位净值的心理诞生的，净值估算只能当作参考，不代表真实净值。

2. 基金的规模

基金的规模是指基金所管理的总资产的规模，即投资者为了买这只基金而投入的钱的总量。

基金的规模一般不能太小。从投资的角度来讲，一般建议选择规模在10亿元以上的基金，例如70亿～80亿元的基金。此外，基金的规模也不宜过于庞大，基金的规模越大，其管理难度也就越大，基金收益会受到一定影响。当然，这只是一般意义上的观点，对于一些指数基金，它主要是跟踪指数进行变动，对基金管理人的依赖较小，该类基金选择规模较大的较好。

3. 基金的成立时间

在投资者挑选基金时，基金的成立时间也是一个重要的参考信息。通常情况下，在收益率不变的情况下，基金的成立时间越早，基金公司口碑越好，且至少在同期内跑赢同行业平均值或者是位居同类基金前列的基金，就算是一只较优秀的基金。

基金的管理人与基金经理

基金公司和基金经理往往是一些新发基金的重要参考。新发基金没有过多的历史参考数据,投资者可以通过了解基金管理人和基金经理来了解新发基金的一些信息。当然,了解基金管理人和基金经理,同样可以用来判断老基金的优劣。

我们知道,基金经理是真正进行投资决策的人,并且每一位基金经理背后,都有一个庞大的研究团队,他们来分管投资研究和投资风险控制等环节。所以,对于普通投资者而言,一只基金背后的基金公司的综合实力以及基金经理的专业程度是一个重要的参考指标。

关注基金定投的相关费用与投资收益

作为投资者,我们在追求投资收益的同时,还要注意投资过程中产生的一些费用。基金定投过程中的投资费用,有些是投资者要承担的定投成本,因此,我们在进行定投实践前,先来认识一下定投费用,然后再来了解定投收益。

基金定投中的各类基金费用

在基金的投资过程中,相关基金费用支出主要存在于基金的销售过程和管理过程中,它们分别被称为交易费用和运作费用,其费用的构成如图2-5所示。

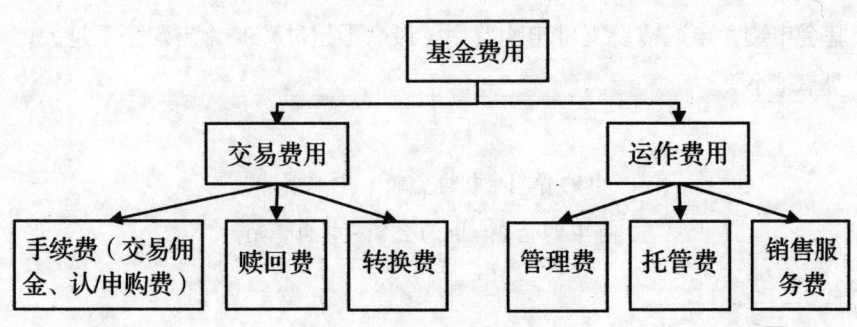

图2-5 基金费用的构成

1. 基金交易费用

基金交易费用发生在基金的销售过程中,这部分费用由投资者自己承担,主要有认购费、申购费、赎回费、基金转换费。当这些费用发生时,会直接从投资者的认购、申购、赎回、转换的金额中自动扣除。

(1)手续费。基金交易的手续费在场内和场外[①]有所差别。

①交易佣金:是一些场内基金(包括ETF和LOF)买卖过程中需要支付给券商的交易佣金,具体以券商的佣金标准为准,一般等同于股票佣金,在0.03%左右。佣金也是双向收费的,即买和卖都需要支付佣金,并且每笔佣金大都有5元的最低收费。

②认购费、申购费对应的是场外基金。

在基金首次募集期购买基金的行为称为认购,需要支付认购费用(1%左右,认购金额越大,费率越小)。认购期结束后,基金需要进入不超过3个月的封闭期。

$$认购费用 = 认购金额 \times 认购费率$$
$$净认购金额 = 认购金额 - 认购费用$$

在基金的封闭期结束后,投资者申请购买开放式基金,习惯上称为基金申购,申购需要支付申购费用(最高不超过1.5%,申购金额越大,费率越小)。

$$申购费用 = 申购金额 \times 申购费率$$
$$净申购金额 = 申购金额 - 申购费用$$

[①] 场内:就是股票市场,也称为二级市场,封闭式基金、ETF、LOF等在场内购买。场外:就是股票交易市场外,即银行、证券公司、基金公司等开放式基金的代销与直销渠道。

认购费和申购费的收取分为前端收费和后端收费两种方式。前端收费是指在认购、申购基金时就需支付认/申购费的付费方式;后端收费是指在购买开放式基金时并不支付申购费,等到卖出时才支付的方式。

(2)赎回费。即卖出基金时需要缴纳的费用(最高不超过1.5%),一般一次性收取。目前,货币基金免赎回费,其他类型的基金根据持有期限不同对应不同的赎回费,持有期限越长,基金赎回费用越低。

(3)转换费。同一基金公司旗下的不同开放式基金之间,或第三方基金销售平台上不同基金公司的开放式基金之间,相互转换所发生的费用。

2. 基金运作费用

基金运作费用发生在基金的管理过程中,由基金资产承担,主要有基金管理费、托管费、销售服务费。图2-6所示是天天基金网显示的某只基金的运作费用。基金的运作费用无须投资者直接支付,投资者简单了解即可。

运作费用						
管理费率	1.50%(每年)	托管费率	0.25%(每年)	销售服务费率	—

注:管理费、托管费、销售服务费从基金资产中每日计提。每个交易日公告的基金净值已扣除管理费和托管费,无需投资者在每笔交易中另行支付。

图2-6 天天基金网的基金运作费用展示

认识基金的投资收益与分红

1. 基金的投资收益

在投资基金的过程中,获得的投资收益有以下三种。

(1)利益收入:当基金投资于债券、商业票据、可转让定期存单或其他短期票券时,主要的收益为利息。

(2)股利收入:基金投资于股票时,股票对应的公司可能会在每年的年中或年底向其股东派发股利,因而,股利也成为基金的主要收益来源。

（3）资本利得收入：资本利得收入是基金投资的主要收入。投资者利用不同时期的市场价格差异而获得。例如，投资者在基金供大于求、基金下跌时买入基金，然后在市场需求旺盛时卖出基金，从而获得投资收入。

2. 投资者可以享受的基金分红

当基金公司盈利时，投资者还可以得到基金公司的分红。基金分红方式有两种。

（1）现金分红：指红利实施日，从基金托管账户中向投资者的指定银行账户划出现金的分红方式。

（2）红利再投资：指红利实施日，分红基金将转换为相应的基金单位并计入投资者的账户，一般免收再投资的费用。

理解基金定投的真实收益率

我们除了要知道基金定投的相关收益之外，还要从现金流的角度理解基金定投的真实收益率。真实收益率源于货币的时间价值。

货币是有时间价值的，例如你10年前把1000元存入银行，那么10年后的今天，原先的1000元就变成了当初的本金加现在的利息。这就是货币时间价值的体现。

我们做基金定投时，投入的资金具有时间差，也就是每一期投入资金的使用时间不一样，其带来的收益率也会有差异。所以你的投资收益率不是简单的"（收入-成本）÷成本×100%"，而是还有一个你可能根本就不知道的真实收益率，用"IRR"表示，也称为内部收益率。

真实收益率背后的专业知识较为复杂，理解起来比较难，这里我们直接教投资者如何借助Excel计算自己投资的真实收益率。

例如，某位投资者进行月定投，连续投资12个月，期末时持有的总净值为16 000元，定投期间的现金流情况见表2-2。

表2-2 某投资者定投及收益情况展示

序列	A	B	C
1		时间	月定投金额（元）
2		1月投入	−1000
3		2月投入	−1000
4		3月投入	−1000
5		4月投入	−1000
6		5月投入	−1000
7	现金流出	6月投入	−1000
8		7月投入	−1000
9		8月投入	−1000
10		9月投入	−1000
11		10月投入	−1000
12		11月投入	−1000
13		12月投入	−1000
14	现金流入	期末总净值	16 000
15	—	月IRR	4%
16	—	年化IRR/真实收益率	67%

在Excel表中，我们把现金流出用负值表示，现金流入用正值表示。那么月IRR的计算如下。

在C15中输入公式"=IRR（C2:C14）"，计算出按月投资的真实收益率为4%。在C16中输入公式"=（1+C15）^{12}−1"，得到年化的定投真实收益率为67%。

而在实际投资中，我们用"（收入−成本）÷成本×100%"估算出的收益率为33%。可见，真实的投资收益率要比估算的收益率高很多。

基金定投的两大渠道——场内渠道和场外渠道

基金定投的渠道分为场内渠道和场外渠道。所谓场内渠道,就是通过股票交易软件在证券交易所内买卖基金;所谓场外渠道,就是在证券交易所之外申购和赎回基金,包括基金公司、银行(目前很多投资者直接选择将网上银行作为基金购买渠道)和第三方基金销售平台(或互联网基金销售平台)。

了解基金定投的两大渠道

为了帮助投资者认清哪种基金定投渠道更适合自己,我们就先了解一下基金定投的场内渠道和场外渠道。

1. 基金定投的场内渠道

场内基金定投在证券交易所进行,投资者需要开通股票交易账户。投资者可以通过一些证券公司的网站或者其推出的一些股票交易软件等来开通股票交易账户(一些手机理财App同样可以开通股票交易账户)。

场内基金的购买程序、交易方式、交易时间等,与股票交易非常相似。

2. 基金定投的场外渠道

场外基金定投主要在基金公司网站、银行、第三方基金销售平台,投资者在这些基金销售渠道开通基金交易账户,就可以按照程序进行基金定投操作。如果投资者更加倾向于选择开放式基金进行基金定投,那么这些场外交易渠道就是很好的选择了。特别是随着手机端交易软件的逐渐升级和优化，投资者利用智能手机就可以随时随地做基金定投。

3. 基金定投场内渠道与场外渠道的比较

基金定投的场内渠道与场外渠道的区别，我们可以通过表2-3中的内容比较来看。

表2-3 基金定投场内渠道与场外渠道的比较

比较项目	场内渠道	场外渠道
交易渠道	证券公司	基金公司网站、银行、第三方销售机构
交易对象	ETF、LOF等基金和封闭式基金，不能自动定投，需手动操作定投	全部开放式基金，包括ETF联接基金，可自动定投
基金费率	取决于开户证券公司的交易佣金规定，一般为0.03%，还要看有无最低5元的限制	略高于场内基金，不同投资渠道的费率一般不同，第三方基金销售平台上有费率优惠
投资门槛	买卖类似于股票，至少需要购买1手，即100份基金份额	很低，有些基金10元即可投资
到账时间	购买后T+1个工作日可卖出，卖后资金在T+1个工作日到账，T+2个工作日提现	申购后T+2个工作日可赎回，赎回后资金在赎回确认日的T+2个工作日到账
交易价格	根据供求关系，以实时撮合价交易。在交易日的不同时间交易价格不一样	以基金净值为价格进行交易，每天只有一个价
分红方式	现金分红	现金分红和红利再投资

基金定投的场内和场外渠道各有优势，投资者可以根据自己的实际情况，例如时间的灵活性等，选择适合自己的渠道做基金定投。

选择适合你的场外基金定投渠道

对初涉基金定投的投资者来说，场外基金定投往往是更好的选择。场内基金交易规则复杂，投资者可以暂时不做，等熟悉规则之后，再转战场内基金定投。

常见的场外基金定投渠道是基金公司、银行、第三方基金销售平台。这三类基金销售渠道到底有什么特色呢？我们这就来认识一下。

1. 以基金公司为代表的基金直销渠道

基金直销渠道就是直接销售基金的渠道，各类基金公司就是基金的直销渠道。每一家基金公司会"生产"出一系列基金，这一系列基金有股票型基金、债券型基金、混合型基金、货币型基金等。同时，这一系列基金名称中还会带有该基金公司名称中的一些关键字，例如易方达基金管理有限公司旗下的基金，名称中都会带有"易方达"三个字。

如果想通过基金直销渠道购买基金，投资者可以通过基金公司的官网或者直接下载该基金公司推出的手机App等，注册开户，就可实现基金申购和赎回等操作。通过基金直销渠道购买该基金公司旗下基金的投资者，被称为基金直销用户。

2. 以银行为代表的基金代销渠道

银行是大众接触最多的基金代销渠道。这其实有点儿像是商品的代销，银行负责代销基金公司"生产"的基金，既可以赚取代销费用，也为银行机构自身的客户提供更加多元化的金融服务，提高了自身在银行业中的竞争实力。

除了银行之外，证券公司、期货公司、保险公司、证券投资机构等也是基金的代销渠道。之所以把在银行等机构销售基金的行为称为代销基金，是因为这些机构本身有自己的主营业务，代销基金只是一种副业。

3. 以机构为代表的基金独立销售渠道

在市场中，还有一些专门从事基金销售的机构，这类机构没有其他业务，唯一的业务就是销售基金产品，这样的基金销售渠道被称为独立销售渠道。独立销售渠道也被称为第三方基金销售机构或第三方独立销售平台。例如，我们熟悉的天天基金网，隶属于上海天天基金销售有限公司，该公司就是中国证监会批准的首批独立基金销售机构。

基金公司、银行、第三方基金销售平台三类基金销售渠道各有特点，它们各自的申购费率也有差异，见表2-4。

表2-4 各基金销售渠道的比较

渠道	代表	申购费率高低	特点
直销渠道	基金公司	中低	只卖自家基金
代表渠道	各商业银行	高	适合老年人、投资新手
	保险公司/保险经纪公司	高	无
	各证券公司/期货公司	中	适合场内投资者
	证券投顾机构	中	为资金雄厚人士定制理财方案
独立销售渠道	独立基金销售机构	更低	产品全、功能优

基金定投渠道中的交易时间问题

投资者定投场外开放式基金时，经常会听到"T日""T+1日"，那么这里的"T日"到底是什么意思呢？

T日是指开放式基金销售机构在规定时间受理投资者申购、转换、赎回或其他业务申请的工作日。T日以股市收市时间为界，每天15:00之前提交的交易按照当天收市后公布的净值成交；15:00之后提交的交易将按照下一个交易日的净值成交。例如星期一15:00前提交的交易,以T日(星期一)的净值成交,T+1(星期二)确认交易。

需特别注意的是,周末或节假日前最后一个工作日15:00后到节后第一个工作日15:00前为同一个工作日。例如星期五15:00之后提交的交易将视为下星期一的交易,T日为下星期一,以T日的净值成交,T+1日(下星期二)确认交易。

第3章
做好基金定投计划,量力而行做投资

随着对基金定投相关基础知识的进一步了解,投资者可以梳理自己的投资计划,确定自己的闲钱情况,安排自己的相关定投事宜。尽管基金定投简单轻松,但是作为普通的投资者,还是要谨慎对待,除了知道任何投资都有风险之外,做投资肯定会占用一部分钱财,所以基金定投也要量力而行。

思考一下你为什么要做基金定投

我们已经了解到,资金定投是一个有计划,甚至是有纪律的长期投资过程。我们之所以做基金定投,除了让自己的财富可以增值之外,可能还会有其他初衷,例如养老、子女教育、购置房产等。正是出于这些实际的需求,我们才会将投资视角聚焦到基金定投上,下面我们就来看看定投的初衷到底是什么。

让财富增值得更充分一些

对于很多年轻的投资者来说,暂时还没有过多的家庭负担,因此当下可能不会考虑子女教育金储备、个人养老储备等问题,他们考虑最多的可能就是让财富快速地增长起来。定投作为一种低门槛的、适合中长期投资的理财方式,对于未来有创业、购置房产、买车,甚至继续接受教育、出国游等需求的年轻人来说,不失为一种很好的选择。

所以,年轻人出于财富增值的考虑,可以根据自己当下的收入状况,以及未来几年的实际需求,尽早为财富积累做好规划,尽早准备,尽早行动。

给父母或自己储备养老资金

随着生活质量的提高,也随着人们认知的逐渐成熟,养老计划被很多人提上了日程。对很多人来说,不光要为父母养老,也要为将来的自己养老。因此，为了让老年生活过得更有质量、更安心，越来越多的人开始通过基金定投这样一条途径来储备养老资金。

能考虑到养老储备这样一个层次的人，一般是一些已经成家立业的人，在家庭、工作等安定下来之后，开始为养老储备做准备。养老储备可以为父母准备，也可以为自己准备。养老储备要准备多大数额，取决于你想让父母过什么样的晚年生活或者自己想要过什么样的晚年生活，根据不同的老年生活需求额，结合当下的闲余资金，借助定投规划好养老储备，能为父母或自己安逸的晚年生活打下很好的基础。

为子女攒下一笔教育金

为孩子的教育做储备越来越流行。让孩子接受优质的教育，能在未来过上更优质的生活，是很多父母给予孩子的最大期盼。为了能让我们的孩子在接受教育的年龄获得更加优质的教育，我们非常有必要趁早为孩子的教育攒下一笔教育金。

当然，为孩子攒教育金，要根据实际情况来投入，尽量不给家庭造成过大的经济负担。例如，我们要观察孩子小时候的兴趣表现，孩子在哪一方面出色，孩子会倾向于未来进入什么样的领域，我们应该听听孩子的意见，不能将多且杂的兴趣班、辅导班搬到孩子眼前。

研究发现，一个本科学历能为我们带来的现金流，如果折合成投资领域的年复合收益率，这个收益率竟然高达15.2%。而一般的股票收益率也就8%~9%。所以，教育，改变的不光是一个人的命运，甚至是一个家庭的命运，一代人的命运。让孩子接受更好的教育，也算是父母为孩子尽到的最大的一份责任。

我们出于各种理由来做基金定投，只要我们明确自己的投资方向，那么就要做好准备，学习理财知识，不断充实自己，为自己的财富自由而定投，为自己的各项计划、目标而定投。

梳理现金流,安排你的定投周期

在明确了自己的定投方向之后,我们先来梳理一下自己的现金流,从而确定自己应该按什么样的频率投资,才不会因为理财而影响自己的正常生活。我们知道,一轮定投,大概是3年时间,也有5~6年,甚至更长期限的。所以投资之前,先梳理自己的现金流,这样才能确定合适的投资金额,同时保证我们的日常生活正常进行。

借助消费账单,看看你的资金去向

借助记账App来梳理现金流,能清晰明了地展示你的收入有哪些,你的支出又花在什么地方了。因此,你在定投前就做好记账准备是非常有必要的。

为了让你更加关注你的账单,这里给出一些小建议,来帮你梳理你的现金流。

1. 大账马上记,小账汇总记

大开销发生时,要马上记录;小开销只要定时汇总记录就好。

对投资者来说,一旦出现大笔的开销,最好马上记账,以防遗忘。而像小额日常支出,例如通勤费、早餐费等,可以汇总一月记账一次。

2. 关注电子付款凭证

手机支付可能让你与现金支付之间有了距离,走到哪扫到哪的手机支付,让你花钱的时候可能不痛不痒,但在一笔笔地查看支付凭证时会发现，钱就是这么不痛不痒地"扫"出去的。所以，不要忽视了手机上的那些电子付款凭证，及时整理它们，不要漏掉这些支出。

3. 每一笔收入也要记录

每一笔收入也要记账，这样才能体现出你的综合收入，也便于我们得出更加准确的现金额，更有利于做好后期的投资规划。

4. 分析账单

账单在手，在对账单进行分析时，才能发现一些开源节流的途径和方法。拿到账单后，你就需要对这些开支进行分类，然后确定一下除了固定支出外，其他支出如何缩减，最后根据缩减后的情况对未来的现金使用情况进行预估。

精打细算，确定你的扣款额

投资者在设定自己定投的扣款额时，要从自己的投资目标、经济状况出发选择自己可以承担的扣款数额。在保守的定投观念下，你可以按照以下三条建议来设置自己的定投扣款数额，切记定投不要用力过猛，以防给自己造成财富损失和心理负担。

1. 扣掉你未来一个定投周期中的大额支出做定投

给你未来3~6年的定投周期做一个消费支出规划，看一下是否有大额的消费支出，例如买房、买车等，如果有的话，就把这部分支出从你的收入中扣掉，根据剩余资金的规模来做定投。

2. 确保未来几年有稳定的现金流入

定投更加适合在未来有稳定现金流入的群体，例如工薪族就非常适合做定投，每月从自己的工资中提取一部分做定投是一个不错的选择。

3. 不要让定投给自己带来更加沉重的经济负担

投资做基金定投时，一定要为日常的看病、学习等开支留出足够的现金。并且在你对定投逐渐熟练之后，你可能还会运用更多的方法进行定投，例如智能定投，在市场低位多投，在市场高位少投，这时就需要为市场低位时攒下足够的现金。所以,基金定投的扣款额不要设置得很高,轻装上阵,再在适当的时候使用一些定投战术,会让你的定投更轻松。

选择适合你的定投周期

就定投周期而言,一般有周定投(包括双周定投)和月定投。那么到底是周定投更好还是月定投更好呢?这其实没有定论。不过,我们先要说明的是,投资者不要太过于纠结到底是周定投好还是月定投好。投资者只需要明白,定投是为了分批买入来摊低投资的总成本,分散投资的高风险,从而将市场中的平均收益收入囊中。

也许有人会问:"定投有'逢低多买,逢高少买'的功能,那是不是定投频率越高,就越能消除市场的波动性呢?即周定投是不是会好于月定投呢?"

其实,定投专家统计发现,无论是周定投还是月定投,最终的收益率都差不多,而且随着投资周期的拉长,不同定投频率下的投资总回报是比较接近的。因此,投资者不必过于纠结是选择周定投更好还是选择月定投更好,而是根据自己的资金情况,选择相应的投资时机就好。

不过,对于已经选择周定投或者月定投的人来说,到底选择哪一天作为扣款日,这一方面我们可以再深入地了解一下。

1. 周定投的扣款日选择

我们知道,越是市场下跌时定投越好,这样就可以获得更多的定投份额。那么周一到周五,选择哪天定投更好呢?

有人统计过一些指数的下跌情况,发现在一周的最后两天下跌的幅度更加明显;也有人统计过一些指数周一到周五的定投收益率情况,发现周一到周五的定投收益率差别不大。所以,综合下来,周一到周五到底是哪天选择定投,其实对定投的影响并不是很大,如果投资者非要在周定投中选择一天,那可以选择周四或者周五。

2. 月定投的扣款日选择

一月之中，选择哪一天作为扣款日更好呢？

根据投资经验发现，一般月初的时候，市场情绪偏向于乐观，特别是当月初遇到一些节假日时，很多人都希望月初可以来个"开门红"，也就是市场上涨。这样的话，月初就不是一个很好的扣款选择。相反，越是临近月末，市场可能会越来越疲软，而且月末、季末还有可能碰到一些资金流动性紧张引发的市场下跌。所以，在月定投中，我们更加倾向于选择月末（每月25日前后），这样就可以利用市场下跌买入更多的份额。

其实定投的择时并不是绝对的，只要我们在选择定投日坚持定投，做到每期定投，走完一个完整的定投微笑曲线，我们总能获得一个满意的收益率。

根据需要,量身制订你的定投计划表

常见的定投计划有养老储备计划、子女教育计划、财富增值计划等,那么在梳理完自身的现金流以及明确定投周期后,我们就该制订我们的定投计划表,来为定投做好准备。

定投计划的制订门道——以养老储备计划制订为例

说到制订定投计划,你可能会在一开始有些摸不清门道,这里我们就来用养老计划制订的全过程来展示该怎样制订自己的定投计划。

1. 设想一下你退休后的生活情景

生活水平决定你日常的资金需求量,那么设想一下退休后你想过什么样的生活:想要去很多地方旅游,想找一个气候适宜、环境宜人的地方度过老年时光,不想给子女任何负担,晚年生活想自给自足……

2. 计算一下自己的养老资金总需求

(1)养老资金总需求(退休年龄为60岁)计算公式如下。

$$养老资金总需求 = 退休之后每年的花费 \times (寿命 - 60)$$

我们假设一个人60岁退休,他的寿命是80岁,退休之后的20年中,平均每年花在餐饮、旅行、娱乐和购物等基本需求上的花费为6万元,那么这个人退休之后的养老资金总需求就是120万元。

（2）计算通货膨胀下的实际养老金总需求。我们知道今天的6万元，在20年之后，甚至10年之后，会明显贬值。所以我们计算的120万元养老金需求，实际上并不是真正的养老金需求。所以，在计算养老金总需求时，还要考虑一下通货膨胀这个因素。在考虑通货膨胀的情况下，设定通货膨胀率为3%，假如这位要做养老储备计划的投资者现在是30岁，距离退休还有30年，那此时的6万元在30年后就是$6×(1+3\%)^{30}≈14.56$（万元）。

所以，在考虑通货膨胀的情况下，这个人退休后平均每年的实际花费在14.56万元左右，这样20年的退休生活需要14.56×20=292（万元）（向上取整）。

由于退休之后，这笔钱一般是存在银行，投资者按年取用消费，未支出的余额会一直在银行中获得利息，所以我们暂且不考虑退休之后的通货膨胀率。

2. 估算养老储备的收益率和定投金额

假设投资者是从30岁开始定投，距离退休还有30年，那么这30年要怎么投资，才可以在30年之后拿到292万元呢？

我们来看，这位投资者的定投目标是292万元，定投年限为30年，预计收益率为10%，如果实施月定投，那么每月的定投金额为1 344.80元。

这里关于每月定投金额的计算，我们借助汇添富基金公司网站上的目标收益计算器得出。如图3-1所示，投资者可以进入汇添富基金公司官网，然后通过"基金产品"→"基金工具箱"→"目标收益计算器"计算出每月的定投额。

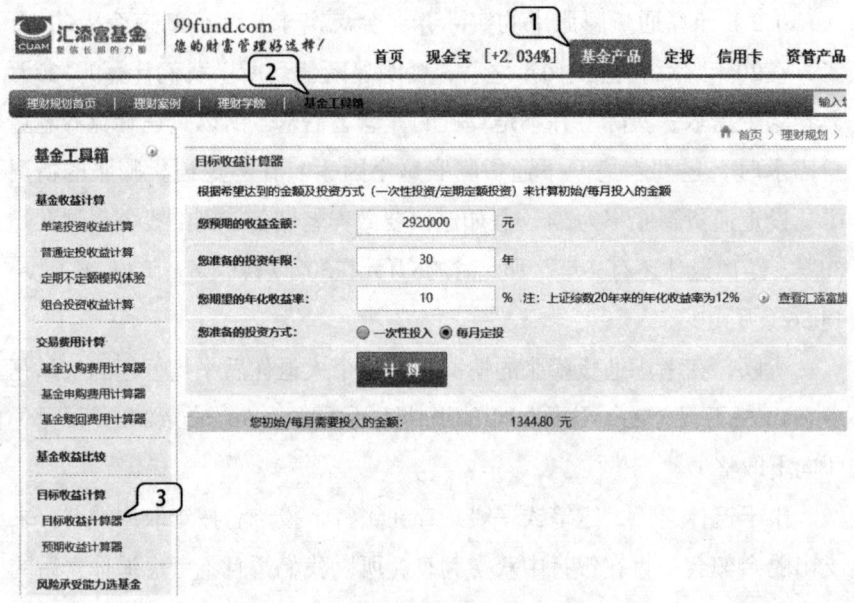

图3-1 "目标收益计算器"界面

这是在收益率为10%的情况下计算出的每月定投额,在真正的投资实践中,投资者可以根据自己选择的目标定投基金历年的收益情况确定一个较为可靠的收益率,以较准确地计算出每期的定投数额。

以上就是养老定投计划的操作流程,其他定投计划的操作,可以按照同样的步骤来操作。

给自己制作一份完整的定投计划表

在确定好自己的定投计划之后,我们就需要来给自己制作一份定投计划表,见表3-1。根据定投计划表,我们就可以严格遵守自己的定投计划。

投资者可以参考表3-1来给自己制作一份完整的定投计划表。

表3-1 定投计划表的一般格式

×××定投计划表					
1. 现金流梳理					
家庭月收入		家庭月开支		家庭月结余	
投资比例（一般为月结余资金的50%）		实际投资金额		—	
2. 定投基金选择					
基金产品选择渠道		基金定投数目（只）		定投基金名称	
我的定投资金是1000元，可以选择1只基金，我选择的基金是					
我的定投资金是1000~3000元，可以选择2~3只基金，我选择的基金是					
3. 构建定投计划					
我的定投年限是					
我的定投渠道是					
我的定投周期是					
我的定投策略是					
4. 做好定投记录					
定投日期	定投期数	操作（买/卖）	交易品种代码	成交单价（元）	买入或卖出份额	买入或卖出时的估值（元）

制作一份定投计划表，把定投计划表放在显眼的地方，及时记录，这样就能随时查看你的定投进度，甚至发现一些更好的投资策略。在你选择的定投渠道中，也会清晰地显示你的定投计划进度，查看起来也是比较方便，但是亲手制作一份定投计划表，你会对自己的定投计划有更好的理解。

熟悉各渠道开户流程,零障碍开通定投账户

对于初涉基金定投的投资者,我们前面已经建议过,尽量先从操作更简单的场外渠道开始定投。这里我们就来了解一下场外基金定投渠道中该如何开户。

在开立基金交易账户之前,你要准备好自己的身份证、手机、银行卡,以便账户信息绑定时录入。

基金公司渠道开户——富国基金管理有限公司官网开户演示

第一步:进入富国基金管理有限公司官网。可以看到在富国基金管理有限公司官网首页的右侧区域有"免费注册"字样,如图3-2所示。点击"免费注册",就可以进入注册信息填写页面。

图3-2 富国基金管理有限公司官网首页开户区域展示

第二步：填写注册基本信息。带"*"号的为必填项，填写完毕后，点击"下一步"，如图3-3所示。

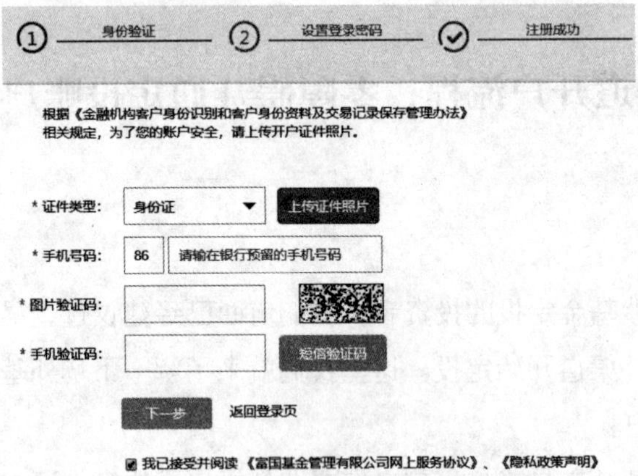

图3-3　账户注册基本信息填写页面

第三步：身份验证。根据投资者在不同渠道开立富国基金账户的情况，系统会给出不同的操作提示，投资者按相应的情况进行操作即可。例如，这里注册的基本信息被系统识别为"代销用户"，如图3-4所示，是因为该基本信息对应的投资者在其他渠道购买过该基金公司的基金。身份验证通过之后，点击"下一步"。

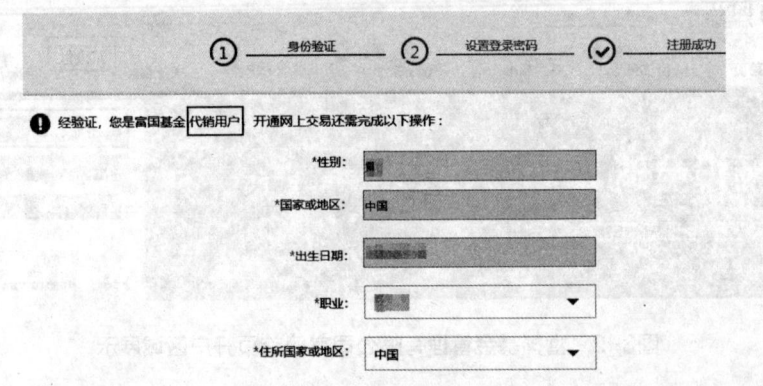

图3-4　身份验证页面

第四步：设置交易密码。身份验证通过之后，点击"下一步"，设置交易密码，如图3-5所示，然后点击"开通网上交易"，则可完成开户。

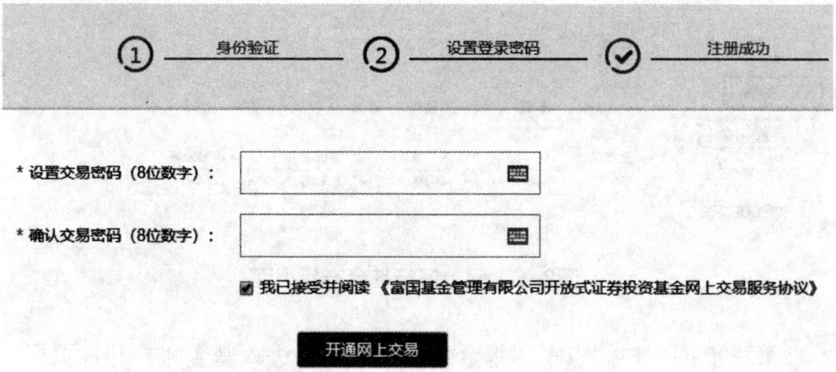

图3-5 设置交易密码页面

注册成功之后，还可以继续进行绑定银行卡操作。这里再次提醒，每位用户对应的操作可能有所不同，投资者只要按页面提示完成相应的操作即可完成开户。富国基金管理有限公司官网也有相应的开户操作指南，投资者可自行查看。

银行代销渠道开户——浦发银行网上银行开户演示

第一步：登录个人网上银行账户。

第二步：进入基金产品页面。通过投资理财板块进入基金产品页面，可以看到"签约管理"→"基金账户管理"，如图3-6所示。

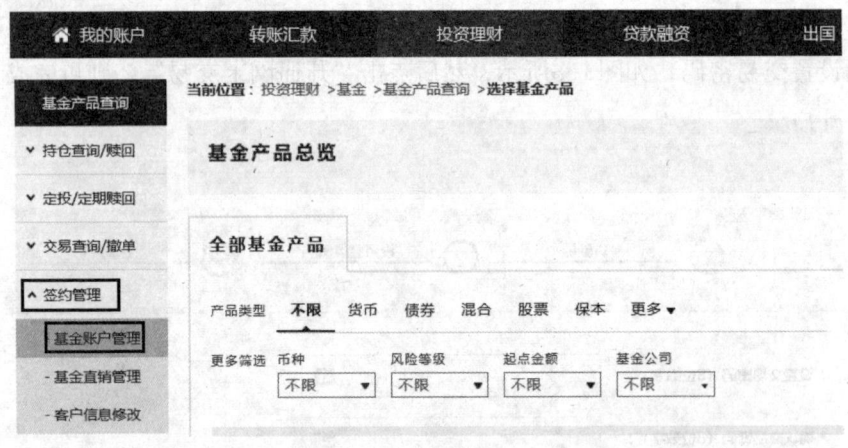

图3-6 网上银行基金产品页面

第三步：开户。点击"基金账户管理"，进入基金账户开户页面，选择相应的"基金公司TA代码"，根据提示完成开户操作，如图3-7所示。

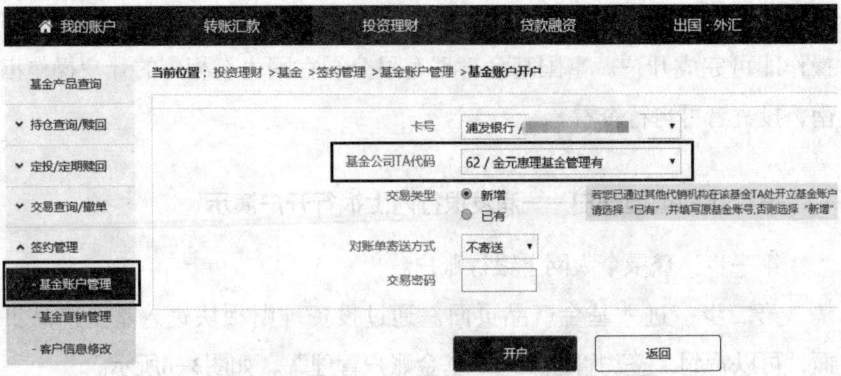

图3-7 网上银行基金账户开户页面

通过网上银行开立基金账户的操作比较简单，投资者还可以直接通过手机银行开立基金交易账户，这更便于之后的基金定投操作。

第三方基金销售渠道开户——天天基金网开户演示

第一步：进入天天基金网。在天天基金网首页，可以看到"免费开户"字样，点击即可进入开户页面。

第二步：填写个人开户信息。如图3-8所示，根据提示，完成个人基本信息的填写，点击"下一步"。

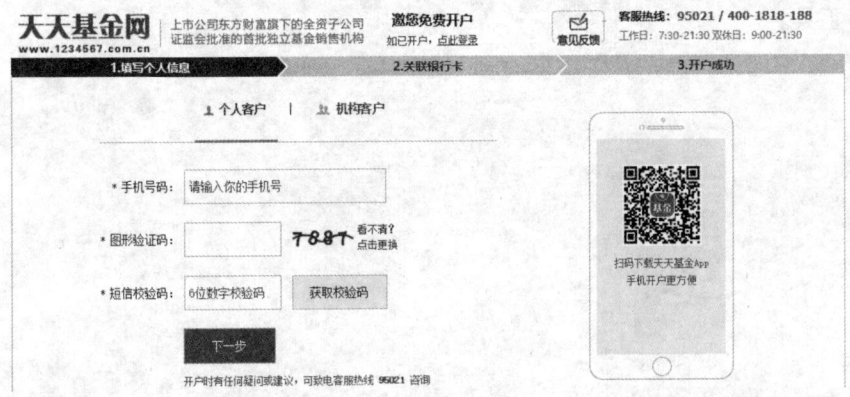

图3-8　个人信息填写页面

第三步：设置交易密码。如图3-9所示，完成交易密码设置之后，点击"我已阅读并同意以下协议，下一步"。

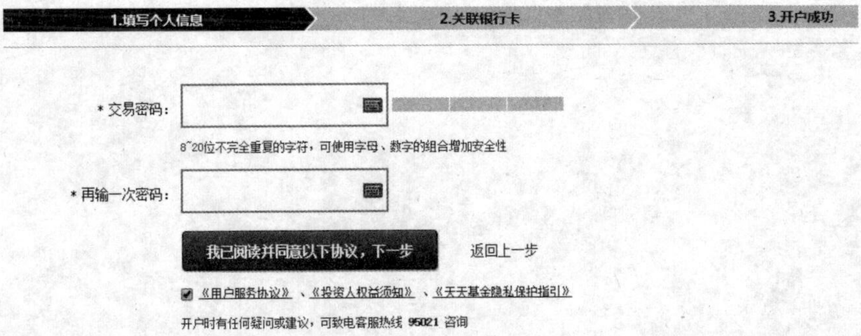

图3-9　设置交易密码页面

第四步：关联银行卡。在关联银行卡页面，投资者可以选择自己的开户银行，录入银行卡的相关信息，并根据提示完成安全验证，即可完成开户。

天天基金网是专业的基金网站，里面有丰富的基金数据、基金资料等，可以作为基金投资者的一个重要投资工具和学习工具。此外，天天基金网推出的天天基金手机App，同样可以作为基金投资者的有效投资工具。

天天基金手机App实践，体验基金定投

天天基金手机App是一款功能齐全的基金投资软件，能为投资者提供权威、专业、及时、全面的理财服务，投资者可以随时随地查看基金交易、金融咨询、理财行业动态、基金数据、基金评级、投资分析等内容。天天基金App上的理财产品种类多，申购费率优惠，普通投资者可以放心地选择天天基金App做基金定投。

注册登录天天基金手机App

天天基金App可以在软件商店中搜索查找，下载安装即可。

天天基金App安装完毕之后，就可以在手机端进行账号注册登录。如果你已经在天天基金网注册了账号，可以直接登录。

账号的注册登录流程很简单，投资者按相应的操作提示完成信息填写，同时根据要求完成上传身份证、绑定银行卡等操作即可。

图3-10　天天基金App首页

天天基金App上的基金投资基本操作

在天天基金App首页，如图3-10所示，我们可以通过"基金优选"

来选择一只基金,进行定投操作。如果投资者有已经选好的基金,可以直接在搜索框中输入基金代码或名称。下面我们再来看具体的基金投资基本操作。

第一步:选择基金。通过"基金优选"进入基金排行页面,如图3-11所示。可以看到,在基金排行页面,有各种类型的基金产品。同时,还根据不同的标准(收益、定投、热销、访问、定投热销)按不同的时间段(日、周、月、季等)对基金进行排行。

投资者可以根据自己的投资倾向在基金排行页面选择一只基金。这里我们选择"华夏能源革新股票"基金进行定投操作演示。

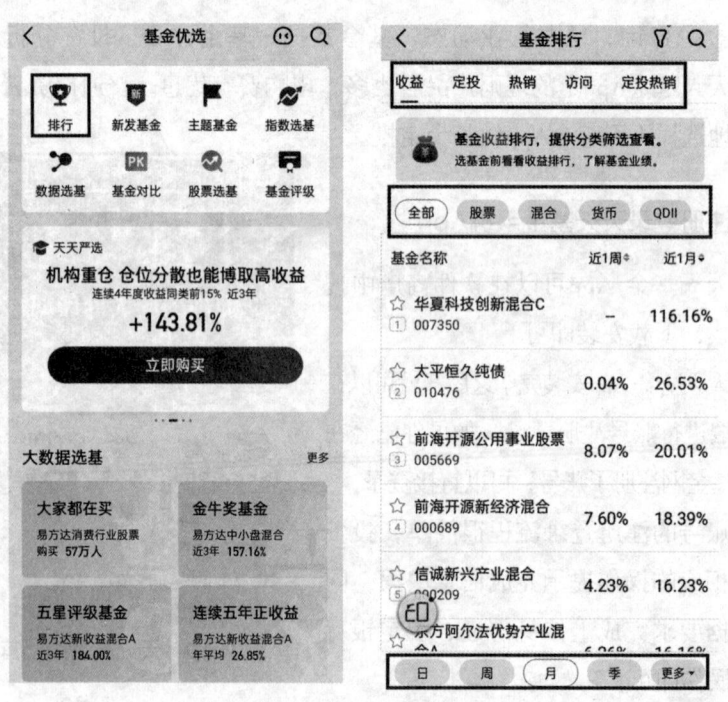

图3-11 进入基金排行页面

第3章 做好基金定投计划，量力而行做投资 **061**

第二步：进入基金详情页面。如图3-12所示，选择"华夏能源革新股票"基金，点击进入基金详情页面。在基金详情页面，有"购买""定投"两个操作。此外，在该页面还有诸多与该只基金相关的基本信息，例如行情、持仓、概况、讨论、资讯、公告等，投资者可以一一进行查看。

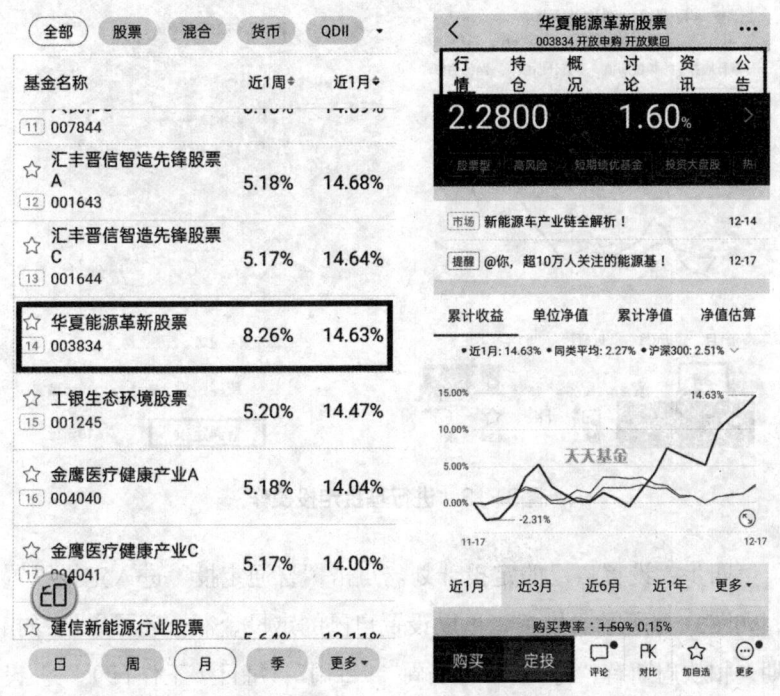

图3-12 基金详情页面

第三步：进行基金定投操作。在了解过这只基金的一些基本信息之后，投资者就可以进行基金定投操作了。如图3-13所示，基金定投操作分为普通定投和智能定投，这里我们选择普通定投操作。

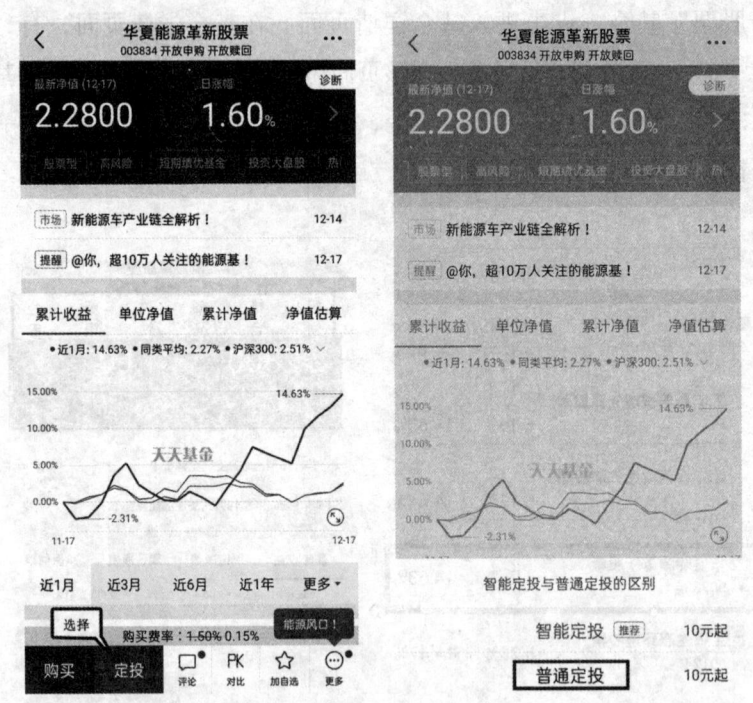

图3-13 进行基金定投操作

第四步:设置自己的定投计划。点击"普通定投"进入定投设置页面,如图3-14所示。投资者可以设置自己的定投金额,还可以选择扣款周期,扣款周期有"每月""每双周""每周""每日(工作日)"。设置好定投金额、扣款周期之后,点击"同意协议并创建定投计划",即可完成定投计划的创建。

第3章 做好基金定投计划，量力而行做投资

图3-14 定投计划设置操作

天天基金App上的定投管理操作

如果投资者在投资的过程中对自己原先设置的定投计划不满意，还可以对定投计划重新进行设置，这也被称为定投计划管理，具体操作方法如下。

打开天天基金App，点击右下角的"我的"，找到"定投"选项，并点击进入"我的定投计划"页面，如图3-15所示。

图3-15 进入定投计划页面

在"我的定投计划"页面,点击想要管理的定投计划,进入"计划详情"页面,在此页面,投资者可以对定投计划进行"修改""暂停""终止"操作,如图3-16所示。

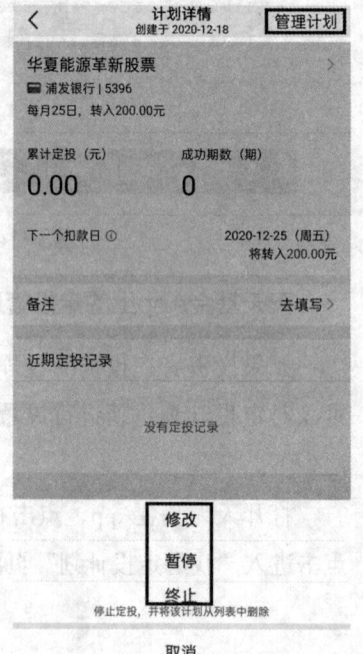

图3-16 计划详情页面

第4章

挑选优质基金，定投才能稳赚不赔

在定投基金的整个过程中，比较难的就是如何买一只基金，这个"买"并不是指如何在各个渠道进行买基金的操作，而是指如何挑选合适的基金，也就是需要做哪些事才能买到一只收益可观的优质基金。要买到优质基金，投资者就需要了解一些可靠的基金挑选方法，并在投资的过程中有效应用投资技巧。

趁早入场，在正确的时间做正确的事

热衷于基金定投的投资者一直在强调长期投资，也就是把定投多坚持几年，这样收益才会更有保障。因此，面对定投这种需要长期投资的理财项目，初入基金市场的投资新手一定要尽早做好打算，尽早地入场，将定投计划坚持到底。

定投有没有正确的入场时间

尽管我们一直强调基金定投要坚持长期投资，但是很多初入基金市场的投资者还是会时不时地问"定投到底要不要择时""有没有正确的定投入场时间"等问题。关于定投入场时间的问题，我们这里再明确一下：定投没有非常适合的时点，只有你想不想定投的时点。

因为基金定投是长期投资，无论你选择在市场多低的时候做投资，市场都不可能一直保持最低，所以，投资者无须等到市场低位时才开始定投。

历史数据显示，进入基金市场的时点不重要，重要的是你的定投时限有多长，当你定投的时间足够长时，往往能带来较可观的收益。

图4-1所示是富国中证新能源汽车指数分级基金2017年到2020年12月的单位净值与累计净值的变化趋势。从中可以看出，在这段时间中，该基金的单位净值变化呈反复波动状态，但整体呈上升趋势。所以，定投这只基金，你不必过于在意要不要在单位净值最低的点定投，相反，你

越是尽早定投,越能利用震荡行情摊平定投成本,获得较高的收益率。

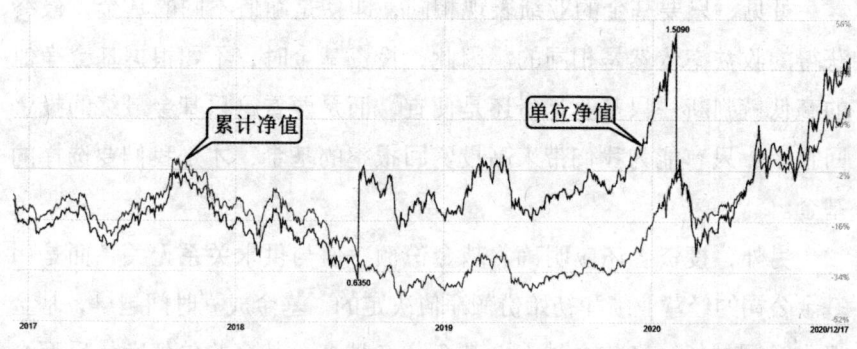

图4-1 富国中证新能源汽车指数分级基金的净值变化趋势

可以说,在定投基金时,你入场的时间就是最好的投资时间,也是最好的行情。

买基金时不要纠结净值的高低

在定投基金时,投资者可能会关注基金净值的高低对投资收益的影响。那么,基金净值到底对投资收益有没有影响呢,还是基金净值只对某些基金的投资收益有影响?下面我们来探讨一下。

当我们购买一只单位净值较高的基金时,直观的感受就是这只基金贵,一定的成本买到的基金份额就少;而当我们购买一只单位净值较低的基金时,我们可能就认为这只基金便宜,一定的成本买到的基金份额就多。那么,到底是不是这样呢?

其实,这里是在探讨投资回报率的问题。假如有三只基金A、B、C。基金A净值3元,基金B净值2元,基金C净值1元。我们向这三只基金各投1万元,那么获得的基金份额各不相同,但是它们的市值是一样的,都为1万元。当持有一段时间之后,这三只基金的净值都上涨了10%,那么这三只基金的市值仍然是相同的，都为11 000元，获得的投资收益都为1000元，即投资回报率均为10%。

可见，只要基金的业绩表现相同，即使是净值不同的基金，最终获得的收益率依然是相同的。因此，投资基金时，不要根据基金净值的高低就判断一只基金是贵还是便宜，而是要看这只基金最终的投资回报率。只有能为我们带来高投资回报率的基金，才是我们要选择的基金。

另外，投资者还应明确，基金份额净值与供求关系无关，而是由基金公司的经营业绩和初始份额净值决定的。基金成立时间越早，基金运作时间越长，净值会越大；基金分红越多，基金的单位净值反而会越小。

所以，在投资者进行基金定投时，不要只关注基金净值，而要多多关注基金市场的行情走势、基金以往业绩、基金经理的能力、基金公司的实力强弱等，全方位考虑，才能选到更适合投资的基金。

完成微笑曲线，定投才能获利

在定投过程中，如果遇到下跌市场，可能会有投资者受不了长期的账户亏损而选择了结定投。但要想获利，你就必须坚持下去，忍受暂时的亏损。

在投资实践的过程中，我们发现，做基金定投实际上就是追踪市场的微笑曲线。市场要完成一个微笑曲线，如图4-2所示，一般需要几年的时间。遇到熊市，3~4年是常有的事；即使遇到牛市，也需要1~2年的时间。所以，你在选择可靠基金的前提下，特别是选择一些指数基金定投时，最好让你的定投完成微笑曲线，这样才能等到市场上扬的嘴角，从而等来获利了结的时机。

第4章 挑选优质基金，定投才能稳赚不赔

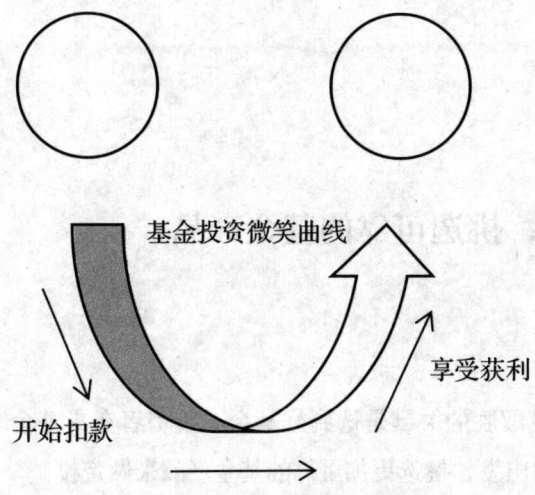

图4-2 基金定投的微笑曲线

五大原则，挑选可靠的基金产品

基金定投取胜的关键是选到好基金。投资者在买基金时，最好能从以下五大原则出发，挑选更加可靠的基金产品来做定投。

原则一：对准全行业基金

挑选基金产品的第一个原则是选择投资全行业的基金产品。这里的"全行业"指某只基金投资的股票、债券等产品涉及的行业广泛、产业分散。

例如，基金市场中的博时沪深300指数A（050002）、华夏中证500ETF联接（001052）、天弘上证50指数A（001548）等，就是比较典型的全行业指数。之所以建议投资者选择全行业基金产品，其实与全行业本身有一定的关系。

首先，大部分行业具有周期性。行业跟证券市场一样，也会经历周期性的波动，例如有的行业会在某几年处于低迷的状态，我们也可以将这种状态称为熊市，而随着行业发展、政策改进、技术进步等要素的作用，行业也会复苏，进入牛市。所以，如果投资者选择单一的行业进行投资，那么在较长的投资期限中，往往很难把握行业的走势，因而选择全行业基金产品进行投资，收益会更有保证。

其次，新兴产业会不断涌现。在信息时代，科技成为推动产业更迭的主力，在这个过程中，传统产业被淘汰的概率大大提升，而新兴产业诞生的机遇不断增加，同时带来的产业红利也非常广泛。放到投资界，如果投资者将投资视角放在传统的单一产业当中，那么他们很有可能会错过新兴产业带来的市场红利。

总体来说，投资全行业基金产品，能让基金产品的抗风险能力更强，更好地平衡一些非系统性风险的干扰，使基金产品有更好的上涨空间。

原则二：偏股型基金可以作为投资重点

基金产品的投资标的不同，其对应的投资收益也会有较明显的差异。通常来说，投资标的中股票的占比较大的基金就可以算是偏股型基金。

从长期的投资实践中可以看到，货币基金的市场表现一直都是比较平稳的，不论外部环境发生怎样的变化，其收益率一般为正。不过，正是由于货币型基金表现稳定，反而使得大多数货币基金不适合定投。再说债券基金，它的变动趋势虽然接近股票基金，但波动幅度却小于股票基金。

股票型基金本身就与股市紧密相关，收益优势明显。混合型基金的投资标的主要为股票和债券的混合，其投资收益与风险稍逊于股票基金，所以对于风险中立者而言，可以作为投资对象。此外，股票指数基金实际上就是一种被动型股票基金，收益同样可观。

综合来看，投资于偏股型的股票基金、混合基金、指数基金，预期的投资收益会更高。

原则三：看好长期业绩突出的基金

长期业绩表现突出的基金可以称为"长跑健将"。投资者在挑选基金时，可以关注这些"长跑健将"。那么，怎样才能判定一只基金是

"长跑健将"呢？这就需要我们借助与基金业绩相关的四分位排名图[1]来判断。

图4-3所示是易方达上证50指数增强A的四分位排名图，从中可以看出，这只基金近5年的业绩表现在大多时候都很优秀，那么我们基本可以确定这只基金就是一只"长跑健将"。

阶段涨幅明细　　　　　　　　　　　　　　　　　　　　来源：天天基金

	今年来	近1周	近1月	近3月	近6月	近1年	近2年	近3年	近5年	成立来
涨幅	36.47%	4.05%	6.56%	9.23%	32.04%	38.21%	97.78%	75.36%	141.65%	672.30%
同类平均	27.60%	1.84%	1.48%	3.46%	21.09%	29.12%	65.65%	29.28%	25.46%	—
沪深300	22.05%	2.26%	2.21%	5.55%	23.63%	23.98%	59.82%	25.46%	32.70%	—
同类排名	274|995	94|1242	111|1229	118|1192	157|1141	274|969	112|704	27|544	10|378	—
排名变动	—	—	—	—	—	—	—	—	—	—
四分位排名	良好	优秀	优秀	优秀	优秀	良好	优秀	优秀	优秀	—

数据截止至：2020-12-18　　　　　　风险提示：收益率数据仅供参考，过往业绩不预示未来表现！

图4-3　易方达上证50指数增强A——四分位排名图

投资者在看基金的四分位排名图时，可以先看基金的长期业绩排名，然后再看短期业绩排名。因为基金定投是一项长期的投资活动，关注基金的长期表现是我们的投资需要。

其实，基金的长期业绩表现更容易与基金评级联系起来，一些基金评级机构或一些基金网站上都有基金星级评级。星级越高的基金，对投资者的吸引力越大，有些投资者甚至仅依据星级挑选基金。这一点我们建议投资者慎重对待，因为基金评级是根据基金的历史表现得出的统计结果，只是一只基金的历史表现，由于市场的不确定性等因素，所以基

---

[1] 四分位排名图：将同类基金按涨幅大小顺序排列，然后分为四等分，每个部分大约包含1/4即25%的基金，基金按相对排名的位置高低分为优秀、良好、一般和不佳。

金评级只能作为挑选基金的参考，不能作为挑选基金的完全依据。

原则四：选择中规模基金

我们对基金规模已经有过一些初步的了解，那么在挑选基金上，基金规模里面会蕴藏着什么玄机呢？

挑选的基金规模不宜过大。在基金投资圈中甚至流行着这样一句话"规模是收益的敌人"，即基金规模越大，收益反而越低。

对于主动型基金，也就是需要基金经理主动选股投资的基金产品，如果规模越大的话，投资操作难度可能会越大，同时大规模也对应着较高的基金管理成本。例如200亿元规模的基金，即使基金经理用其中的1%（2亿元）去买进某只股票，对应的建仓难度还是比较大的，而且大规模的建仓行动，很容易被市场散户和机构投资者跟进，容易将股价抬高，进而使得基金最终的收益受到影响。所以，那些"20～80"亿元规模的基金，做定投的话相对更安全一些。

而像指数基金这类被动型基金往往是基金规模越大越好，这样其追踪标的指数的准确性会更高，因而收益也会更明显。

原则五：买入高波动基金

基金定投就是利用市场波动来摊低投资成本，基金波动越明显，越有利于摊低投资成本，这样更能帮助投资者获取可观的投资收益。就如我们提到的微笑曲线，就是在借助市场的波动来获取投资的收益。

所以，投资者可以从基金包含的股票、跟踪的指数等入手，来了解基金的波动情况，特别是一些指数基金，它们的市场波动更加明显。

从筛选基金公司入手，打造好定投收益的后盾

投资者定投基金，除了要选好基金之外，还要选好基金公司。基金市场上的基金公司鳞次栉比，根据中国证券投资基金业协会官网据显示，截至2021年4月中旬，市面上有147家公募基金管理公司。这其中既有老牌的资深基金管理公司，又有新生的基金管理公司；既有管理的资产规模超过1万亿元的，也有不足1亿元的。一般来说，优秀的基金公司聚集着优秀的基金经理团队，在投资领域的研究也会更加深入。那么，面对市场上的这些基金公司，投资者怎样才能选到优质的基金公司呢？

看基金公司排名的稳定性

看一家基金公司的排名是很多投资者选择一家基金公司的主要做法，除了排名之外，排名的稳定性也很重要。

一家基金公司的排名可以很靠前，但是如果它只是偶然地靠前一次，而且每年的排名波动非常剧烈，那这样的基金公司就不是较好的选择。

投资者看基金公司的排名时，还有一个问题需要注意，即这些基金公司是按什么标准进行排名的。例如：在天天基金网站上，基金公司按"全部管理规模"进行排名；而在其他一些网站上，可能还会依据基金公司的成立时间、回报率、旗下基金产品数量、第三方评级、社会认可度等排名。所以，投资者看基金公司排名时，除了要看排名，还要看这些基金公

司是按什么标准进行排名的,这对你的基金选择也有重要影响。

看基金公司的声誉及影响力

基金公司在市场上的声誉和影响力是经过长年累月形成的。那些拥有良好口碑的基金公司,更能获得投资者的信赖,投资者也更愿意选择这些基金公司做资产管理人。投资者可以从以下几个方面来判断一家基金公司的声誉及影响力。

1. 基金公司的服务水平

如果投资者是通过网上银行、第三方基金销售渠道购买基金,一般接触不到基金公司,甚至会忽视基金背后的基金公司,因而就体验不到基金公司的服务。但对于那些通过基金公司网站或者App购买基金的投资者来说,他们对基金公司的服务非常敏感。例如:基金公司是否有针对普通投资者的服务热线,在线客服服务时间有没有限制;基金公司是否关注到对投资者的教育;投资者所投资的基金产品因为政策原因等发生变动时,是否能够及时收到有效的通知;是否为投资者推出了便捷的手机端交易工具;等等。当这些基金公司向投资者提供的服务能满足投资者的需求时,会在投资者之间形成品牌效应,非常有助于提升基金公司的声誉和影响力。

其实,基金公司的服务一般体现在一些细小的方面,投资者想要了解某家基金公司的服务情况,可以先登录这家基金公司的官网进行查询和了解。

2. 基金经理及研究团队的实力强弱

基金经理及研究团队是公司基金产品长效盈利的后盾。所以拥有优质基金经理及研究团队的基金公司在市场上更具有竞争力,对基金业绩起着至关重要的作用,进而影响基金公司在市场上的声誉与影响力。

实际上,基金公司不会直接公布自己旗下的基金经理及研究团队,投资者只能通过一些间接途径了解到一家基金公司的基金经理的情况。

例如，投资者可以通过了解该公司旗下每一只基金的基本资料来了解相应基金经理的实力，如图4-4所示。此外，投资者还可以通过基金网站等途径中的基金公司基本资料来了解该基金公司旗下基金经理的情况，如图4-5所示，基金网站会将每一位基金经理的所管理基金产品的详细信息进行展示，这对判断基金经理的实力有很好的帮助。

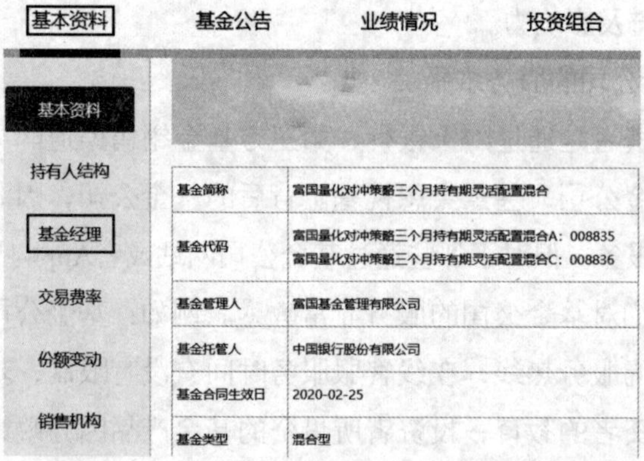

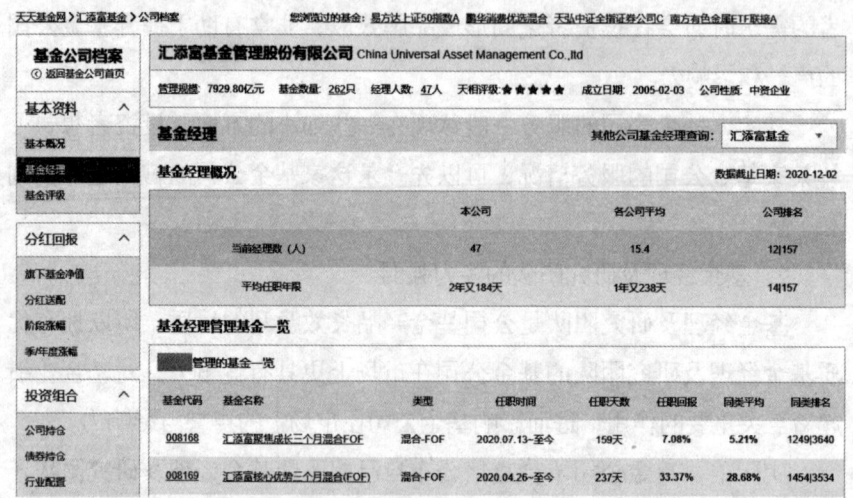

图4-4　通过基金的基本资料了解基金经理

图4-5　通过基金网站的基金公司基本资料了解基金经理

3. 基金公司的产品齐全程度

一家基金公司的基金产品越齐全，越能吸引各类型的投资者，当众多投资者购入该基金公司旗下的基金产品时，自然而然地就会提升基金公司的声誉和影响力。

基金公司的基金产品是否齐全，一是看这家公司是否有股票基金、债券基金、货币基金等各种类型的基金；二是看某类基金产品的布局是否完整，例如，是否同时存在专门针对大盘蓝筹股与中小盘股的基金产品，是否同时存在高风险与低风险产品。

深度探究，认识定投亏损问题

当利用基金挑选技巧选择到一只基金并定投后，作为投资新手，你可能还不习惯看着自己的账户连续亏损。此时，你可能摩拳擦掌、跃跃欲试，正试图寻找一些可靠的方法来缓解亏损。实际上，此时你无须太过紧张，只要对定投进行更深入的认识，你会发现，在市场下跌时，有定投，会觉得"暖暖的，很贴心"。

越跌越买，才是定投的本质

定投就是在相对固定的时间以相对固定的金额进行长期投资的一种行为。在定投的过程中，坚持定投才是原则。所以，当你发现市场正在急剧下跌，你的账户正在急剧亏损时，不要太慌张，越跌越买才是正确的选择。

为什么这么说呢？我们来看一个例子。假设投资者A从1月开始第一期投资，此后市场就开始震荡下跌，在这种下跌行情下，他连续投资到5月共投资了5期，每期1000元。在6月时，投资者A将前5期的基金份额全部卖出。在这段投资期内，投资者A投资的这只基金的净值变化及购买的相应份额变化见表4-1。

表4-1 投资者A定投期间买卖的基金份额

月份	基金单位净值（单位：元）	买/卖份额（单位：份）
1月	2.0	+500
2月	2.5	+400
3月	1.0	+1000
4月	0.8	+1250
5月	0.5	+2000
6月	1.2	−5150

在连续5期的投资中，投资者A投入的成本为5000元，在6月卖出时，基金净值为1.2元，卖出份额为5150份，收入为6180元。由此估计出的收益率为（6180−5000）÷5000×100%=23.6%。

根据我们前面对真实收益率的了解，投资者A的真实收益率要大于23.6%。再回头看投资者A的整个投资历程，尽管在投资过程中市场是下跌趋势，但是越跌越买，投资者反而可以买到更多的基金份额，例如5月投入的1000块钱，买到2000份基金，这占了总基金份额的近39%。

当然，现实中基金净值波动不会这么剧烈，但是通过这个例子投资者会发现，基金定投过程中遇到下跌情况并不一定是坏事，相反，下跌可能会对投资者有好处：在低价区域买入大量的基金份额，有效摊低整体的定投成本，在市场上扬时给投资者带来高额的收益率。

因此，有人将波动称为定投的朋友，定投高波动的基金，对分摊投资成本的作用更强，能帮助投资者取得更高的收益。所以，投资者在投资过程中，尤其是对于初入基金市场的投资者，不要对市场出现的波动感到恐慌，你只有安心地坚持定投，才能更好地把握市场机会。

定投让你在不确定的市场中游刃有余

大多投资者都知道这样一个道理：投资获利就是要低买高卖。但在实际操作中，投资者有多大的把握才能稳稳抓住市场的最低点和最高点呢？这个概率就非常小了。所以，很多投资者很难买在市场的最低点，也很难卖在市场的最高点。

这不是投资者投资能力的问题，而是市场的不确定性，干扰的因素太多，除了我们已知的因素外，还有很多未知的因素。尽管我们根据各种预判做投资、抄底加仓是非常好的想法，但想法成为现实的可能性非常小。因此，加入基金定投的队伍，小额定期投入，无须对市场的涨跌进行过多的预判，只需要定时投入资金，无论市场是涨还是跌，你都能游刃有余地应对市场行情。

在定投过程中，当你遇到市场连续下跌的情况时，你可能会认为市场底部要来了，于是大量地加仓抄底，来为自己赢得更多的筹码，而实际情况是市场还保持着下跌趋势，你此时加仓太早了。说到短期抄底，我们就不得不提一下短期抄底的风险，当投资者开始加仓时，风险也跟着开始上涨了。短期抄底是一件很难的事，除非投资者非常有把握，否则，就摒弃短期抄底这种想法，它为你带来的风险、损失也许在将来可以化解，但当下给你造成的心理影响可能会非常大，所以当你做定投这件风险本来就小的投资时，不要轻易再引入不必要的风险。

长期布局思维，应对市场下跌

定投遇到下跌的情况时，我们反对抄底行为，但我们不排斥随着下跌而逐渐加仓。也就是市场在下跌，定投不要停，甚至可以将扣款数额设置得稍微高一点，而且把这种行为坚持一段时间，即长期布局，那么最终的结果就会类似于抄底，只不过你的抄底不是一次性完成的，而是经历了较长的震荡期，所以你完成的是一个区间的抄底，这同样能为你带来高额的回报，如图4-6所示。

图4-6 定投过程中的抄底区域示意

关于抄底区间的布局，如果你足够敏感，你可以从微笑曲线的左边开始持续地加码长期坚持，一直等来市场上扬。抄底区间的完成，就是一种长期思维在做指导，完成抄底区间可能需要花较长的时间，例如1～2年，这就对投资者的资金需求和心理承受能力有一定的要求。

三种加仓技巧，轻松应对下跌市场

在市场下跌时，投资者的定投账户可能会出现明显的亏损，看着逐渐增大的负收益，你肯定会有些焦虑。不过在对基金定投亏损问题进一步深入认识的基础上，你肯定了解了"越跌越买"的原理，那么越跌越买要如何操作呢？这里，你首先要确定你定投的基金没有问题（不会长期表现差），并且在你开始定投时，你就规划好了现金准备在未来加仓，那么，这里介绍的一些加仓技巧就可以帮助你应对下跌市场。

金字塔加仓法及其应用

金字塔加仓是非常经典的加仓技巧。在下跌行情中，使用金字塔加仓法可以有效地补充仓位，帮助投资者实现越跌越买的愿景。它可以分为正金字塔加仓法和倒金字塔加仓法。我们分别来看如何利用它在下跌市场中加仓。

1. 正金字塔加仓法

金字塔加仓法，指在投资的过程中，随着价位的降低，花较多的钱买入较多的数量；随着价位的升高，用较少的钱买入较少的数量，图4-7所示为正金字塔加仓法的应用。

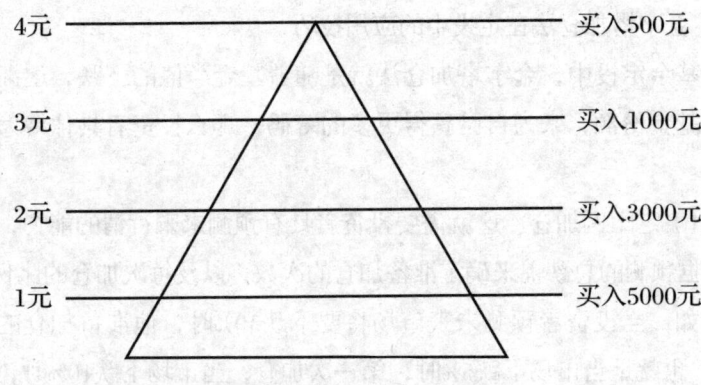

图4-7 正金字塔加仓法

与金字塔加仓法相对应的，还有倒金字塔减仓法。倒金字塔减仓法指随着价位的上升，卖出数量逐渐增加，从而赚取更多的差价收益。倒金字塔减仓法主要应用在上升行情中，其应用如图4-8所示。当市场行情开始上升时，如果投资者的预期收益已经实现，那么当基金净值开始上升时，就需要及时地止盈，避免市场再次出现下跌。所以，当投资者在上涨行情中时，可以适时地采取倒金字塔减仓法降低仓位，获取投资收益。

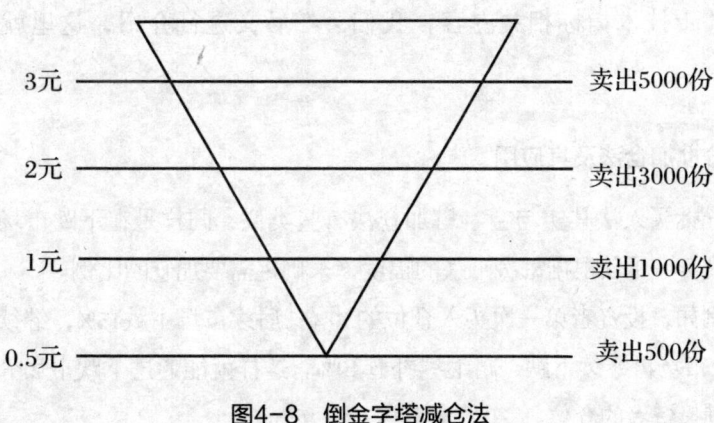

图4-8 倒金字塔减仓法

2. 金字塔加仓法在定投中的应用技巧

在基金定投中，金字塔加仓法就是随着基金净值的下跌，逐渐买入更多的基金份额，来为自己赢得更多的筹码，那么投资者具体要怎么操作呢？

（1）定比例加仓。这就需要投资者具有预测未来行情的能力，即投资者根据预测的总跌幅来确定准备加仓的次数，以及每次加仓的比例。

例如，当投资者预测未来市场将要下跌30%时，他准备加仓的次数为6次，也就是当市场下跌5%时，第一次加仓；当市场下跌10%时，第二次加仓；当市场下跌15%时，第三次加仓，以此类推，直至市场下跌到30%，进行最后一次加仓。在加仓的过程中，随着下跌幅度的增大，投资者的加仓数量会逐次增加。

（2）技术指标加仓法。这是将技术分析中的一些反映超买、超卖的技术指标（MACD指标、KDJ指标等）和金字塔加仓法结合起来，综合运用来确定加仓时机的一种方法。投资者定投指数基金、ETF联接基金时，可以采用技术指标加仓法来分析这些基金关联的指数特征，进而确定加仓时机。此外，投资者一次性投资ETF基金时，也可以使用技术指标加仓法来确定加仓时机。

关于技术指标相关内容，我们会在后文进行介绍，这里就不再赘述。

分批加仓法及其应用

分批买入法其实与金字塔加仓法有些类似，同样是在下跌市场行情中，投资者可以根据每次下跌的幅度，来确定需要加仓的比例。

例如，投资者第一次买入仓位的30%；后续市场下跌15%，继续补仓30%；市场再继续下跌，再继续补仓40%。这样就能通过下跌市场分批买入补满投资者的仓位。

在定投中，要应用分批买入法的话，投资者需要根据自己在这段下跌市场中的购买计划行事，首先，根据你的资金规模确定你可以买入的仓位，然后再根据市场的下跌情况分批次补仓。

分批买入法能帮助投资者在市场低位吸纳基金份额，进而有效分摊投资成本，是投资者定投过程中的一种巧妙加仓技巧。有些定投达人分批买入法使用得非常熟练。有些投资达人根据实际的投资情况发现，当定投基金下跌30%时，一般是非常利好的补仓机会，投资者可以将自己的补仓资金三等分，此时先单笔加仓1/3的资金；如果基金继续下跌10%，那么就可以第二次加仓，再加仓1/3的资金；如果市场再继续下跌10%，那么第三次补仓机会来了，可以将剩下的1/3资金再继续补仓进来。

投资者在使用分批买入法在下跌行情中完成加仓后，就可以继续按原有的投资计划进行基金定投，坐等市场反转和市场高位的到来。

网格交易法及其应用

如果投资者面临的市场既有下跌，又有上涨，一直处于震荡状态，那么就可以采用网格交易法。网格交易法的关键是捕捉市场行情，在市场下跌时买进，在市场上涨时适时卖出，这对惧怕长期下跌市场的投资者来说，是比较实用的定投方法。网格交易法让投资者在长期的定投过程中边定投边赎回，及时锁定了投资者的盈利。

网格法捕捉市场行情时，隔一定的点数设置买点与卖点。这与金字塔加仓法及分批买入法有一些相通的地方，只不过该方法更加机械一些，是根据已经设置好的点位进行相应操作：在市场下跌时分档买入，在市场上涨时分档卖出。因此，网格交易法更加适合定投那些行情震荡比较剧烈的基金，如图4-9所示。

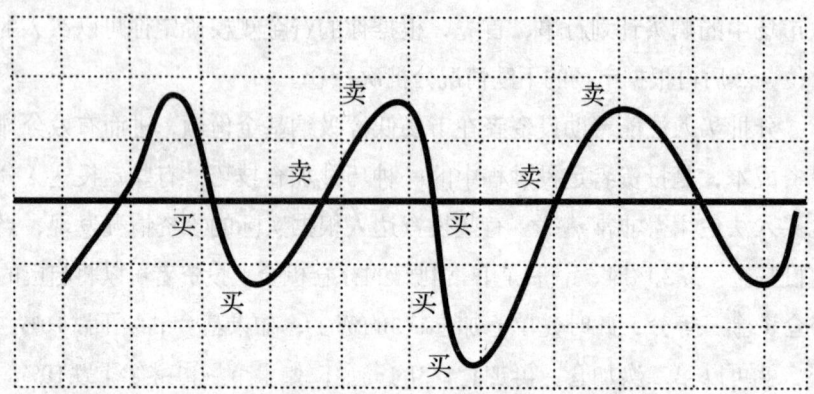

图4-9 网格交易法展示

网格交易法如何应用,我们通过一个例子来了解一下。

例如,有10万元资金,根据基金净值的历史最高价和历史最低价确定20个格子,每个格子各分得5000元。控制当前净值在最高位往下数第几个格子开始建仓,建仓资金就是格子数乘以5000元。

投资经验表明,网格法对资金的利用率很低,收益率无法太高,所以选择的基金净值的最高价与最低价的差值不要太大。一般要求网格的数目最少不少于15格,最多不要超过30格。

不同投资者可能会喜好不同的加仓技巧,在应用这些技巧的时候,可以根据自己的投资经验对加仓比例进行把控。可以说,没有非常完美的加仓技巧,只有适合投资者的加仓技巧。

第5章

多维度分析，发掘具有定投价值的好基金

在基金定投的过程中，投资者的主要目的是获利，但是要获利就必须具备一定的基金投资分析技巧，从而发掘出具有投资价值的基金。分析基金的方法多种多样，投资者可以从多方面入手，综合运用多种方法，透彻地了解和分析基金，把那些具有投资价值的基金发掘出来。

通过一些关键要素，判断基金投资风格

在选择定投基金的过程中，投资者可以先从基金本身出发，通过认识基金本身的一些要素来了解一只基金的投资风格，再从投资风格入手，简单判断这只基金是否适合做定投。与基金投资风格相关的要素一般有基金的股票仓位、基金投资风格箱等。

了解基金的股票仓位

一只基金可以投资多种标的（股票、债券等）。我们把一只基金所投资的各种标的用一个专业的词来表示——基金持仓，即基金资产在各种投资中的仓位分配。在基金的仓位分配中，我们更加关注的是股票仓位。例如，在天天基金网某只基金的基金档案页面，我们就可以看到"基金持仓"项目，进而了解到一只基金的股票持仓情况。

在基金的股票持仓情况中，我们主要关注一只基金所持有的前十大股票，如图5-1所示是汇添富中证新能源汽车A在2020年3季度所持有的前十大股票。

当我们关注一只基金的持仓情况，特别是前十大持仓股票时，我们就能发现这只基金投资的重点主要集中在哪些领域。

第5章 多维度分析，发掘具有定投价值的好基金　089

序号	股票代码	股票名称	最新价	涨跌幅	相关资讯	占净值比例	持股数（万股）	持仓市值（万元）
1	002594	比亚迪	184.00	-4.96%	变动详情 股吧 行情	10.98%	203.68	23,676.04
2	300750	宁德时代	313.64	-3.50%	变动详情 股吧 行情	7.14%	73.65	15,406.89
3	300124	汇川技术	86.00	-5.29%	变动详情 股吧 行情	6.27%	233.76	13,534.72
4	300014	亿纬锂能	73.99	-3.45%	变动详情 股吧 行情	4.75%	207.22	10,257.43
5	002460	赣锋锂业	92.30	-1.28%	变动详情 股吧 行情	4.33%	172.33	9,338.29
6	002812	恩捷股份	139.00	4.91%	变动详情 股吧 行情	4.18%	98.58	9,017.17
7	002050	三花智控	24.14	0.21%	变动详情 股吧 行情	4.17%	404.74	8,985.13
8	300207	欣旺达	29.69	-1.07%	变动详情 股吧 行情	3.11%	247.89	6,715.28
9	603993	洛阳钼业	4.83	-6.76%	变动详情 股吧 行情	2.75%	1,596.40	5,938.61
10	300450	先导智能	75.00	-0.05%	变动详情 股吧 行情	2.68%	119.54	5,784.54

图5-1　汇添富中证新能源汽车A2020年3季度的股票持仓情况

如果一只基金的前十大股票的"占净值比例"合计非常高，则表明基金经理对这十大股票比较看好，同时体现出该基金管理团队在投资方面相对激进，也意味着其面临着较高的投资风险。例如，这里汇添富中证新能源汽车A2020年3季度的前十大股票占净值比例合计为50.36%，这就可以看出该基金背后管理团队将主要的资金投资于这十大股票，非常看好这十大股票。点击图5-1中的"显示全部持仓明细"，就可以看到这只基金的详细持仓情况。

目前，一些主流基金的投资风格是虽然股票持仓数量较多，但是将大部分资金重仓投资于其中的一小部分股票。这种投资风格主要是由于基金管理团队的时间和精力有限，不能对每一只基金都进行深入的了解，只能选择其中的一部分股票详细了解之后重仓买入。

在了解基金的股票持仓明细的同时，我们还可以通过查看股票的资产配置来了解这只基金其他的投资方向。如图5-2所示是汇添富中证新能源汽车A的资产配置情况，可以看到，这只基金除了将主要的资产投资于股票之外，还投资了现金。

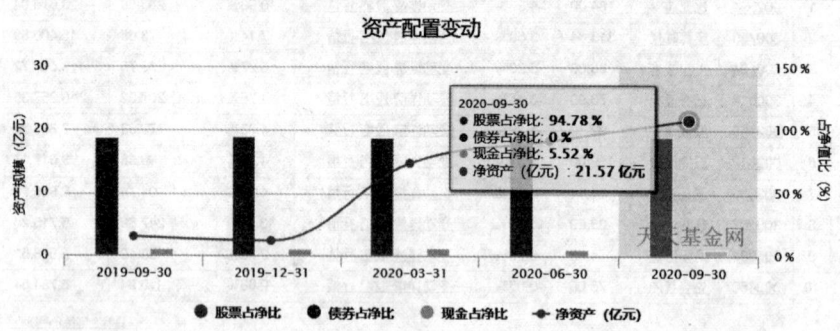

图5-2 汇添富中证新能源汽车A的资产配置情况

通过基金投资风格箱判断基金投资风格

在选择基金时,我们会发现大多数基金的投资风格是不一样的,继而对应的风险及收益也会有差异。所以投资者在选择基金时要注重基金的投资风格,这样才能挑选到风险水平与投资者自身风险承受能力相匹配的基金产品。

判断基金的投资风格,我们使用到的参考工具是基金投资风格箱。投资风格箱列示的是影响基金业绩表现的两个因素:基金所投资股票的规模风格和价值—成长性风格。按照基金持有的股票市值不同,把基金投资股票的规模风格定义为大盘、中盘、小盘;把基金投资股票的价值—成长性风格定义为价值型、平衡型、成长性。需要注意的是,这里的基金是指股票型基金。如图5-3所示为汇添富中证新能源汽车A投资风格箱,要判断该只基金的投资风格,就要从投资风格箱中的要素入手,这里我们就来认识一下基金投资风格箱中的各要素。

第5章 多维度分析，发掘具有定投价值的好基金

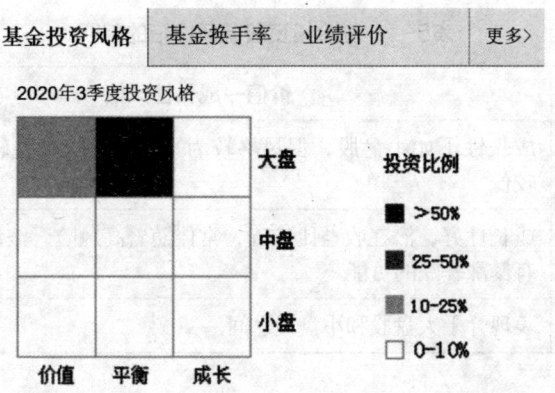

图5-3 汇添富中证新能源汽车A投资风格箱

1. 大、中、小盘的规模风格判断

（1）大盘风格：基金持仓中的大盘权重股（流通市值大约在120亿元以上）居多。

（2）中盘风格：基金持仓中的中盘股（流通市值介于45亿元至120亿元）居多。

（3）小盘风格：基金持仓中的小盘题材股（流通市值大约45亿元以下）居多。

2. 价值型、成长型和平衡型股票的价值—成长性风格判断

（1）价值型风格：基金持仓中的股票多为价值型股票（股价低于公司内在价值的股票），一般是一些业绩较好、利润稳定的公司的股票。

（2）成长型风格：基金持仓中的股票多为成长型股票。成长型股票看中的是该公司未来主营业务和利润有无快速增长的可能。

（3）平衡型风格：介于价值型和成长型之间的一种股票风格，较为中立。

综合基金投资股票的规模风格与价值—成长性风格，我们可以得出基金投资风格箱的判断，见表5-1。

表5-1 基金投资股票风格箱的判断

股票规模	价值—成长性风格
大盘股	成长性不如小盘股，但风格较为平稳，投资收益较稳定，风险较低
小盘股	成长性好，潜在收益比较高，常伴随着高风险，波动比较明显，有暴涨暴跌的可能
中盘股	表现介于大盘股和小盘股之间

基于以上基金投资风格箱的判断，在九宫格形式的基金投资风格箱中，横坐标分别表示成长、平衡、价值，一般是一只基金的投资比例越靠近价值型则风险越低，反之则风险越高；纵坐标分别表示小盘股、中盘股、大盘股，一般是基金投资比例越靠近大盘股则风险越低、反之则风险越高。所以，在投资风格箱中，风险的大小分布如图5-4所示。可以看到，在投资风格箱中，投资标的的投资比例用不同的填充色表示，颜色越深，投资标的所占的比例越高；颜色越浅，投资标的所占的比例越低。

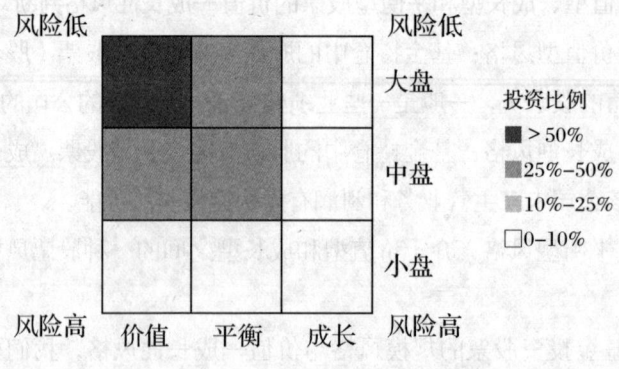

图5-4 基金投资风格箱中的风险分布

那么我们再回到汇添富中证新能源汽车A基金的投资风格箱中（图5-3），就能确定该只基金主要投资于平衡型的投资标的，其中大盘平衡型占比50%以上，大盘价值型占10%~25%。所以，这只基金的投资标的是比较稳健的、风险较小的投资风格。

基金的投资风格箱是判断基金投资风格的重要参考工具，但需要注意的是，基金的投资风格箱不是一成不变的，当基金对应的基金经理或管理团队发生变化时，基金的投资风格箱也会有相应的调整和变化。

解读基金招募说明书,看清基金的真实面目

基金招募说明书是一只基金的详尽说明书,它能够对基金的相关交易费用、投资风格、业绩比较基准等进行详尽的说明。同时,基金招募说明书还像是基金的一份背景调查资料,对基金管理人、托管人、相关服务机构、基金的募集、基金合同、基金的财产与资产估值等进行详尽地列示。阅读基金招募说明书,投资者可以透彻地解一只基金。

认识基金招募说明书的一些基本内容

基金招募说明书是投资者全面了解一只基金的重要文件,对于投资新手来说,很有必要来了解一下基金招募说明书的相关内容。

1. 定义

基金招募说明书是基金发起人根据国家有关法律、法规制定的,并向社会公众公开发售基金时,为投资者提供的,对基金状况进行说明的一种法律性文件。

2. 内容

2015年修订的《中华人民共和国证券投资基金法》第五十三条对公开募集基金的招募说明书应当包含的内容有以下规定。

第五十三条 公开募集基金的基金招募说明书应当包括下列内容:

(一)基金募集申请的准予注册文件名称和注册日期;

（二）基金管理人、基金托管人的基本情况；

（三）基金合同和基金托管协议的内容摘要；

（四）基金份额的发售日期、价格、费用和期限；

（五）基金份额的发售方式、发售机构及登记机构名称；

（六）出具法律意见书的律师事务所和审计基金财产的会计师事务所的名称和住所；

（七）基金管理人、基金托管人报酬及其他有关费用的提取、支付方式与比例；

（八）风险警示内容；

（九）国务院证券监督管理机构规定的其他内容。

3. 格式

就基金招募说明书的格式而言，其由封面、重要提示、正文三部分构成。

（1）封面。在招募说明书的封面会注明基金名称，如果基金招募说明书有过更新，那么更新后的招募说明书也会注明"更新"字样和时间，同时还会列示基金管理人和基金托管人的名称。

（2）重要提示。重要提示一般列示在招募说明书的封面之后或者目录之后，重点列示这些文字作为重要提示："基金管理人保证本招募说明书的内容真实、准确、完整。本招募说明书经中国证监会核准。中国证监会不对本基金的投资价值及市场前景等做出实质性判断或者保证，也不表明投资于本基金没有风险。"

（3）正文。基金招募说明书的正文从"绪言"开始，然后逐项细致地介绍与该只基金相关的内容。

基金招募说明书中投资者需要关注的项目

投资者可以从基金网站或者基金公司网站等处下载基金招募说明

书。在下载招募说明书时，投资者可能会看到不同时期招募说明书的更新文件，这是因为开放式基金一般正式运作后，每隔六个月会对基金管理人、托管人情况，基金投资方式与费用，基金的投资目标、收益与风险，基金合同和基金托管协议的内容摘要等进行更新。投资者只要选择最近更新的招募说明书下载即可。

基金招募说明书中的内容非常多，一份基金招募说明书在100页左右，非专业投资者看起来会比较费时费力。因此，我们将基金招募说明书中的一些与基金基本情况相关的重要内容进行介绍，这样投资者拿到一份基金招募说明书之后，可以先看与基金基本情况相关的内容，再选择性地阅读其他内容。

其实，基金网站上的基金概况中会将基金招募说明书中与基金基本情况相关的内容比较完整地列示出来，投资者也可以直接对应着基金网站上的相关内容来了解与基金基本情况相关的内容。这里，我们就通过天天基金网来了解基金招募说明书中与基金基本情况相关的一些内容。

1. 业绩比较基准

基金业绩比较基准值是一只基金以什么为标准进行盈利能力的比较。我们在天天基金网上，通过单击某只基金首页的"基本概况"选项进入该基金的基本概况页面来查看其业绩比较基准。

如图5-5所示是华夏能源革新股票型证券投资基金的基本概况页面，可以看到这只基金的业绩比较基准是：中证内地新能源指数收益率×90%+上证国债指数收益率×10%。假如某一年中证内地新能源指数收益率为50%，上证国债指数收益率为2.5%，那么该只基金的业绩比较基准就为：50%×90%+2.5%×10%=45.25%，即如果该只基金在同期内的收益达到或者超过45.25%时，表示该只基金的业绩表现达标。

第5章 多维度分析，发掘具有定投价值的好基金

基本概况		其他基金基本概况查询：	请输入基金代码、名称或简拼
基金全称	华夏能源革新股票型证券投资基金	基金简称	华夏能源革新股票
基金代码	003834（前端）	基金类型	股票型
发行日期	2017年05月04日	成立日期/规模	2017年06月07日 / 14.822亿份
资产规模	20.80亿元（截止至：2020年09月30日）	份额规模	12.5902亿份（截止至：2020年09月30日）
基金管理人	华夏基金	基金托管人	建设银行
基金经理人	郑泽鸿	成立来分红	每份累计0.00元（0次）
管理费率	1.50%（每年）	托管费率	0.25%（每年）
销售服务费率	—（每年）	最高认购费率	1.20%（前端） 天天基金优惠费率：0.12%（前端）
最高申购费率	1.50%（前端） 天天基金优惠费率：0.15%（前端）	最高赎回费率	1.50%（前端）
业绩比较基准	中证内地新能源指数收益率*90%+上证国债指数收益率*10%	跟踪标的	该基金无跟踪标的

基金管理费和托管费直接从基金产品中扣除，具体计算方法及费率结构请参见基金《招募说明书》

图5-5 华夏能源革新股票型证券投资基金基本概况页面

不同基金的业绩比较基准也会不同，这预示着不同基金的预期收益会有差异。通常情况下，业绩比较基准定得较高的基金其预期收益比较高，但也伴随着较高的风险，即投资者在获取高收益的同时面临着高风险；业绩比较基准定得较低的基金其预期收益比较低，相对风险较低，即投资者获取的收益较低且承担风险较低。

通过对基金业绩比较基准的了解，投资者可以结合自身的风险承受能力，来选择相应风险水平的基金作为自己定投的对象。

2. 投资目标

不同的基金，其投资目标也不一样。例如，一些指数型基金在招募说明书中注明的投资目标是：本基金进行被动式指数化投资，紧密跟踪标的指数，追求跟踪偏离度和跟踪误差的最小化。再如，上文提到的华夏能源革新股票型证券投资基金的投资目标是：通过精选能源革新的优质企业，在严格控制风险的前提下，力求实现基金资产的长期稳健增值。

基金的投资目标与其投资范围、投资策略密切相关，通常是基于投资目标，会在一定的投资范围内采取相应的投资策略（投资计划）。

3. 投资费用

在基金的基本概况页面，投资者还可以对基金投资的相关费用进行了解，也可以直接阅读基金招募说明书中关于费用的相关详尽介绍，明确基金的持有期限与费用的关系，然后挑选出费用更优惠的基金购买。

4. 收益分配原则

在符合有关基金分红条件的前提下，每只基金都会有对应的基金收益分配原则。

例如，华夏能源革新股票型证券投资基金的分红政策是："在符合有关基金分红条件的前提下，本基金可进行基金收益分配；若《基金合同》生效不满3个月可不进行收益分配。本基金收益分配方式分两种：现金分红与红利再投资。"

基金如果进行分红，会对基金净值产生影响。无论是现金分红还是红利再投资，都会使基金净值下降，但基金净值下降不会对投资者的总资产产生影响。一般建议投资者选择"红利再投资"分红政策，这样可以利用复利效应在未来获取更多的投资回报。

5. 基金经理的过往业绩

基金经理的过往业绩也是投资者阅读基金招募说明书时需要注意的一项。这主要是为了了解基金经理的专业背景、从业经验，以及任职期间的基金业绩表现等。

基本面分析，判断基金价格的未来方向

基金投资还会使用基本面分析方法。基本面分析是根据影响基金价格变动的根本原因，例如宏观经济状况、市场面消息、公司的财务状况等，来判断市场价格的总体发展方向。在基金定投中，使用基本面分析，能对影响基金价格变动的内在因素进行分析，从而对基金的投资前景进行判断。

做基本面分析的五个要素

在基金投资过程中，做基本面分析主要是从以下五个要素出发。

1. 宏观经济状况

从长期来看，基金所处的证券市场的走势是由一国的经济发展水平和景气状况决定的，证券市场也可以看作是宏观经济的晴雨表，即证券市场的变动与宏观经济周期基本吻合。因此，投资者可以通过分析宏观经济变化来制定投资决策。

2. 市场利率水平

"利率"一直是金融市场中非常敏感的一个词。利率上升，投资者会被存款利息吸引，资金开始流入银行，证券市场投资减少；利率下降，存款利息的吸引力淡化，证券市场投资者的投资意愿相应地会增强。所以利率的高低变化将会影响证券市场的投资量。

3. 通货膨胀

在通货膨胀初期，货币流通量将会增加，进而刺激生产和消费，企业盈利增加，股票价格上涨。随着通货膨胀的加剧，市场利率开始上升，股价开始下跌。

4. 基金公司因素

影响基金公司收益水平的因素包括基金公司的财务状况、经营情况好坏、管理能力强弱、投资分析团队的水平高低、资金投向、发展潜力等，基金公司本身的基本面情况同样会对基金投资产生一定的影响。

5. 政治因素

政治因素是指国际政治形势、政治事件、国家间的关系、重要领导人的变更等能够对证券市场产生直接或间接影响的政治因素。

宏观经济周期对基金投资的影响

宏观经济具有一定的周期性，我们称之为经济周期。经济周期一般要经历衰退、萧条、复苏、繁荣四个阶段。在经济的周期性变化中，经济的好与坏都会表现在价格上，而价格的明显变化是投资者最直观的感受。而这种价格变化，最终将会影响投资者的投资选择。例如，当经济衰退时，百业不兴，投资者会远离证券市场，每日成交量会非常稀少；当经济萧条期已过，经济开始复苏时，价格会升高，这时投资者开始进入证券市场，交易日渐活跃。

因此，在经济周期的不同阶段内，证券市场的投资操作是有区别的。也就是说，掌握了经济周期的波动，就可以抓住证券市场的操作方向。但是怎样才能掌握经济周期的波动呢？这就需要从衡量经济的一些指标入手，见表5-2。

表5-2 经济指标

指标	释义	表现
先行指标	又称超前指标或领先指标,指总体经济达到高峰或低估前,先行出现高峰或低峰的指标	金融机构新增贷款、企业订货指标、土地开发面积、采购经理人数、新订单数量、存货水平
同步指标	又称一致指标,指其达到高峰或低谷的时间与总体经济活动出现高峰或低谷的时间大致相同的指标	国内生产总值、工业生产总值、社会消费品零售总额
滞后指标	又称落后指标,指其达到高峰或低谷的时间晚于总体经济活动出现高峰或低谷的时间的指标	财政收入、工业企业实现利税总额、城市居民人均可支配收入

基金公司财务状况对基金投资的影响

为了更加精准地确定一只基金背后的基金公司实力强弱,投资者可以利用基金公司的资产负债表等周期性财务报表,并借助一些财务比率及指标,对其进行整体财务分析。在进行财务分析时,需要遵循一定的原则。

(1)具体问题具体分析原则。做比率分析时,要灵活运用财务指标。例如流动比率达到2:1只是一个参考指标,不同公司因经营特性的不同,流动性也会有差异。

(2)实行单位化分析方法。将各种财务资料和会计项目的数字化为单位数字,如每股资产净值等,这样更方便对基金规模、公司经营情况等进行分析,更有利于投资者看出基金公司的经营获利情况。

(3)相对数值与绝对数值。财务数据的增长率是一个相对数值,而且也是一个抽象概念,投资者凭借抽象的相对数值并不能具体了解各项财务数据的大小。而财务数据的绝对数值则能够让投资者清晰地看到某个数值的具体大小,进而了解基金公司的真实经营能力和业绩水平。

我们可以从天天基金网找到相应的基金公司,在其"基本概况"中就可以找到该基金公司的财务数据并查看。

分析基金的各项投资信息,理性投资

无论是在选择基金时,还是在基金定投的过程中,投资者都有必要关注与基金投资相关的一些信息。投资是理性行为,只有在综合分析各项信息的基础上,投资者才能更加全面地认识一只基金,有效地把握一只基金的操作时机。

基金定投过程中需要关注的一些信息

尽管基金定投被称为一种懒人理财方式,但这不是让投资者在投资的过程中不闻不问,长时间不关注自己投入的资金。作为理性的投资者,我们在投资的过程中要定期查看、监控自己持有的基金的损益状况,对基金的业绩表现有一个全面的把握,为加仓、转换、赎回等操作提供可靠的依据。

因此,在基金定投过程中,我们还要多加关注以下信息。

1. 基金公告

基金公告主要包括基金的业绩报告、分红公告、变更公告、运作公告以及其他公告。投资者除了可以通过每期更新的招募说明书查看这些内容之外,还可以直接通过基金网站或基金交易App获取相关信息。

(1)业绩报告,一般是基金的年度、中期、季度经营业绩报告,用来对主要财务指标与基金净值表现、管理人情况、资金资产的投资组合情况等进行展示。

（2）分红公告，是与基金分红相关的公告。

（3）变更公告，是一些与基金公司相关业务变更有关的事项，投资者更需要关注的是与基金业务相关的一些公告，例如定投、转换、费率优惠等临时性变更公告，以及基金经理的变更公告。

（4）运作公告，是与基金运作相关的一些公告，例如基金合同修订公告等，投资者作为基金合同的当事人之一，有必要对这些公告进行了解。

（5）其他公告，其他一些与基金相关的公告，例如基金暂停/恢复交易公告、风险提示公告、暂停申购/赎回公告等。

2. 证券市场的行情信息

基金运作主要建立在证券市场的行情基础上，特别是一些股票型基金，它们紧跟证券市场的牛熊市行情而变化，所以，在基金定投的过程中，投资者还需要对证券市场的行情信息多加关注，紧随市场行情，灵敏应对行情变化。

证券市场的行情信息可以从证券市场的一些专业机构发布的相关信息中进行了解，也可以从一些专业分析机构、专业分析人士和广大投资者的评论中获取。例如，在一些时间段投资基金的收益开始缩减，甚至低于银行存款利息，那么投资者就要注意是否证券市场开始进入寒冬，而我们作为基金定投者，在这样的市场低迷时期，依然坚持定投，在一定程度上反而是一种自救的方法。再如，即使基金运营状况良好，但是宏观经济环境开始恶化，那么投资者也可以根据实际情况做出一些变化的投资策略，防止未来下跌给自己带来超出承受范围的损失。

正确使用基金投资相关信息

投资者在了解到各类基金信息后，关键是要将这些信息利用起来，为我们的投资带来一些帮助，让我们更好地选择投资操作时机，这才是了解基金信息的目的。

投资者可以通过浏览基金、基金公司、证券交易所等网站上的相关资讯，掌握基金的价格变动，做好自己的买卖规划。

投资者还可以阅读一些行业分析报告、专业评级机构出具的研究报告等，对投资市场的大环境进行把握。此外，投资者可以通过分析基金公司的经营状况与基金经理的管理能力等，来了解自己定投基金的基本面是否良好。

当然，在阅读基金公司各类报告的基础上，投资者能了解到自己投资基金所持有的投资项目规模，在了解这些投资项目后，能对该只基金未来获取持续收益的可能性有一个大致的判断。

第6章
详解指数基金，挑选理想的种子基金做定投

正所谓"秧好一半谷，题好一半文"，做基金定投，品种选择至关重要，而指数基金在基金定投方面就是"好秧"，被诸多投资者推荐用来做基金定投。在基金市场中，活跃着各种各样的指数基金，并存在一些非常优秀的指数基金，它们跟踪着优秀指数，收益突出，投资者可以发掘这样的指数基金做定投，从而保证未来有一个可观的投资收益。

指数基金,定投的主战场

指数基金是专门购买某种证券指数所覆盖的全部或者部分证券并进行指数化投资的股票基金,它按照证券价格指数的编制原理构建投资组合,目的在于获取与该指数变动相同的、反映市场平均水平的收益。指数基金被很多投资者认为是比较理想的投资工具,颇受推崇。我们在定投的过程中,可以对指数基金多加关注。

"别人家的基金"——指数基金

了解指数基金,我们可以先了解一下指数,从而更加透彻地认识指数基金。

1. 股票指数

指数有很多种,例如股票指数、商品指数、债券指数等。在这里,我们要关注的是与指数基金相关的股票指数。

股票指数,又称股票价格指数,简称股指,是由证券交易所或金融服务机构按照纳入指数计算范围的股票样本综合计算得出的,用来反映股票市场上各种股票市场价格的总体水平及其变动情况的指标。根据股指所反映的范围不同,股指可以分成综合性指数和成分股指数。

(1)综合性指数。大家熟知的上证指数就是综合性指数。就上证指数而言,它将在上交所上市的全部股票都纳入指数计算范围,根据当天在上交所上市的全部股票的价格变化来计算当日指数的综合涨跌幅。

综合性指数虽然包含的股票非常全面，但由于各只股票的规模、权重等不一样，所以在反映市场价格的准确性方面上略显不足。因此，就需要将这些股票分门别类后再编制指数，这就诞生了成分股指数。

（2）成分股指数。大家熟知的沪深300指数、上证180指数等，就是选取在这些交易所上市的规模最大、流动性最好、代表性最强的股票作为指数的计算范围。

成分股指数可以反映某一类或某一行业股票的价格变化。

2. 指数基金

指数基金就是通过购买某种指数所覆盖的全部或部分样本股而进行投资的一种基金。可以说，投资者投资指数基金，实质是在通过投资指数基金来购买指数所包含的全部或部分股票。这里我们就通过指数基金的特点，来认识一下指数基金所具有的一些优势。

（1）基金产品丰富。证券市场中优质的股票指数比较多，而跟踪这些优质指数的基金产品种类就更丰富了，投资者可以通过基金网站去了解各种各样的指数基金产品。

（2）投资难度低。基金本来就是一种门槛较低的投资方式，而指数基金的投资难度就更小了，特别适合刚入门的投资者。

（3）与指数同步。指数基金是一种以拟合目标指数、跟踪目标指数变化为原则，实现与市场同步成长的基金品种。在指数基金的投资中，采取拟合目标指数收益率的策略，分散投资目标指数的成分股，力求股票组合的收益能够与该目标指数所代表的资本市场平均收益率相拟合。正是因为指数基金能够与指数同步变化，所以指数基金有着更好的稳定性，不易被操纵，透明度高，能避免基金经理的老鼠仓[①]行为。

---

① 老鼠仓：基金经理等人用自有资金买入股票后，用他人资金（如自己控制的机构资金、证券投资基金资金）拉高相应股票的价格后，通过出售个人所购买的股票进行盈利的行为。老鼠仓行为是一种违法行为。

所以，投资新手以指数基金为对象开启基金定投，也算是一种可靠的投资策略。

指数基金的那些定投优势

1. 投资优势

投资大师巴菲特对指数基金的钟爱闻名于投资界，特别是2007年的十年赌约，更是见证了指数基金的投资奇迹。巴菲特一再向投资者推荐指数基金，关于指数基金的投资优势，总结起来有以下两点。

（1）可以长生不老，长期上涨。在某一指数产生之后，理论上，只要指数所在国的政府永葆生命，那么指数就会长生不老，并保持长期上涨的趋势。例如我们熟知的上证指数，它诞生于1991年，当时正值我国证券市场建立初期，从100点起步，目前上涨到了3000点左右，在牛市时达到5000多点甚至6000多点。再如国外的道琼斯指数，算是一只较古老的指数，诞生至今已百年有余，同样是从最开始的100点起步，成长到目前的3万点左右。

（2）运作费用低廉，确保投资者获取更多的投资收益。大部分指数基金最终的投资对象还是股票，但是与直接投资股票基金相比，指数基金的运作费用比较低廉。运作费用不需要投资者直接支付，而是从投资收益中直接扣除。运作费率比较低，划分出去的投资收益就更少，相应的投资者会获得更多的投资收益。也许短期来看收益不明显，但在定投这种长期投资中，低廉的运作费用还是能为投资者节约不少开支的。

2. 避险优势

除了投资优势外，指数基金还有独特的避险优势，特别是与股票及股票基金相比，指数基金可以规避以下三类风险。

（1）个股的"黑天鹅"风险。"黑天鹅"风险是一种非常难以预料的且非常不寻常的风险。指数基金往往投资于几十只甚至上百只股票，所以当单只股票出现"黑天鹅"风险时，指数基金一般不会受到影响。

同时指数基金还会根据每一家公司的经营表现，及时更换业绩更好的股票，这样能更加有效地防范"黑天鹅"风险。

（2）本金永久损失风险。对于个股而言，如果公司经营不善，甚至破产倒闭，投资者可能会血本无归。指数基金就不一样了，虽然指数会出现下跌，但不会跌没。所以，指数的这种特性就能保证投资者的本金不会遭受永久损失的风险。

（3）制度风险。我们已经知道指数是公开透明的，它的选股规则是确定的，能够受到任何人的监督，因此，投资者投资指数基金，就能避免一些制度风险，例如我们前面提到的"老鼠仓"风险。

熟知指数基金挑选原则，精通基金挑选

投资者对指数基金的投资优势有所了解之后，还需要了解一些指数基金的挑选原则，这样投资者就能依靠更加严格的标准来选择指数基金做定投了。当然，我们前面已经学习过一些基金的挑选策略，这些策略同样适用于指数基金。这里我们再了解一下，挑选指数基金时，投资者还有哪些原则可以依据。

避开小规模的基金公司

投资挑选指数基金，最好避开那些规模较小的基金公司管理的基金。这是因为，规模较大的基金公司会有更丰富的基金产品供投资者挑选，并且这些公司往往具有更优质的基金经理。尽管大多数指数基金对基金经理的依赖性不是很强，但是一些增强型指数基金往往需要基金经理的精明操作，所以规模较大的基金公司在投资稳定性、收益可观性方面更强。

除了避开规模小的基金公司之外，投资者还可以根据前面章节讲述的基金挑选方法，避开那些规模较小的指数基金，最好不选择基金规模在1亿元以下的指数基金，这样投资者面临的清盘[1]风险会小很多。

---

[1] 清盘：如果基金规模过小，基金费率覆盖不了成本，那么投资者会被强制要求按照一定的基金净值赎回基金份额，从而导致投资者的投资中断。

避开新成立基金与场内基金

新成立的基金也被称为新基金，与新基金相对应的就是老基金。无论投资者选择哪种类型的指数基金投资，最好避开新基金，选择老基金。老基金的成立时间一般较长，历史业绩已见分晓，牛熊市的变化非常清晰，所以，选择那些业绩突出、规模适当的老基金要好过新基金。

此外，做基金定投的话，场外市场更适合，操作简单方便、省时省力，所以投资者避开场内市场，选择场外市场中的这些老基金做定投，收益翻红的可能性会更高。

避开追踪误差较大的基金

指数基金作为一种被动投资工具，原则上是复制和跟踪指数，并且跟踪误差越小越好，但在实际中，也会出现较大的跟踪误差，即指数基金收益表现与跟踪指数之间出现较大的差距。跟踪误差是反映基金经理管理能力的一个重要指标。例如，一只红利指数基金的跟踪标的是中证红利指数，跟踪误差为0.14%，如果月末相比月初该指数基金变化了20个点，实际的跟踪误差就在±20×0.14%之间。

基金跟踪误差的大小，反映了基金跟踪效率的高低。如果基金遇到的是经验丰富、技术过硬的基金经理人团队，那么基金相应的跟踪误差会很小。

根据跟踪误差，投资者还可以剔除那些历史业绩表现不理想的指数基金。具体操作是：投资者可以比较跟踪相同指数的基金业绩来发现那些跟踪误差较大的指数基金，然后剔除掉业绩表现较差的基金，进而选择出业绩优异、跟踪紧密的指数基金。

亲近指数增强型基金

我们知道，一般指数基金对基金经理的管理要求不是很多，但指数增强型基金是一种基金经理主动管理较多的基金品种。就指数增强型基金而言，基金经理依据"被动投资为主，主动投资为辅"的原则主动管理基金，通过对投资组合的适当调整（对成分股进行一定程度的增、减持，或增加成分股以外的个股），以实现投资风险的分散及控制，获取超越标的指数的投资收益。

所以，指数增强型基金在管理及投资上更加灵活主动，能获取更高的市场收益，与此同时，投资者也要承担更大的市场风险，接受更大的跟踪误差。

借助天天基金网挑选指数基金

有了挑选指数基金的一些原则之后，我们就通过天天基金网来体验一下具体的指数基金挑选该如何操作。

（1）在天天基金网的"投资工具"栏中，单击"基金筛选"，如图6-1所示。

图6-1 单击"基金筛选"

（2）进入基金导购页面，可以在"所有分类"栏下看到诸多基金筛选条件（基金类型、基金公司、基金业绩等），投资者可以根据自己的实际投资情况设置条件查找理想的指数基金，如图6-2所示。

第6章 详解指数基金，挑选理想的种子基金做定投 113

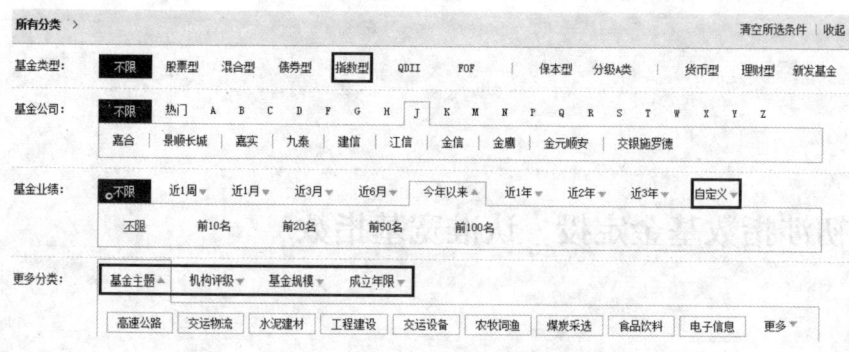

图6-2 在"所有分类"栏下设置基金筛选条件

（3）在天天基金网的"投资工具"栏中，单击"基金比较"，进入"基金比较"页面，如图6-3所示。投资者可以将自己选择的跟踪同一类指数的基金通过"添加基金比较"框添加进来，就能通过"当前比较""业绩评级比较""资产配置比较"等项目直观地观察几只基金的差异，这样更便于挑选到一些优质的指数基金。

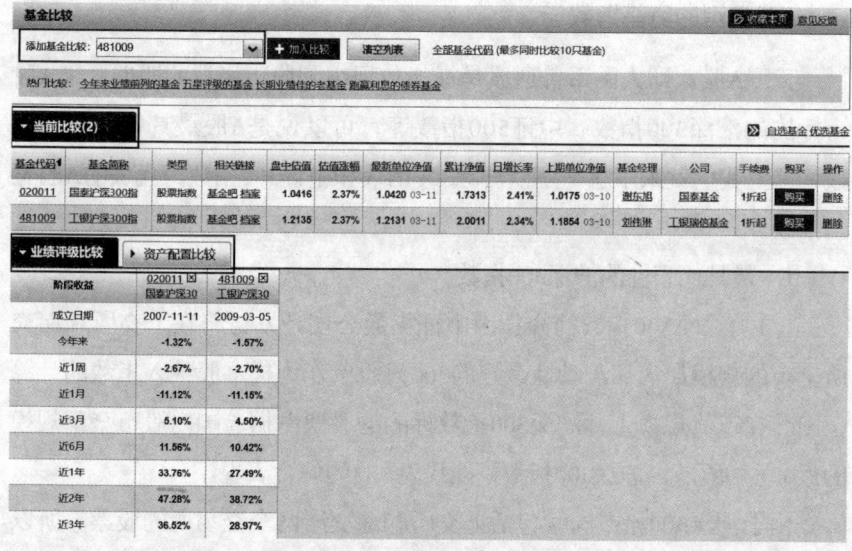

图6-3 基金比较页面

初涉指数基金定投，认准宽基指数

证券市场中的指数基金种类有很多，作为普通投资者，我们可以先从宽基指数基金入手做定投。所谓宽基指数，是与行业指数相对的。一般来说，某指数选股时不受行业限制，那么该指数就是宽基指数，例如沪深300指数、中证500指数等，就是A股常见的宽基指数。宽基指数在选股时参照股票的市值，即以市值加权为基准来选择标的股票。通常，宽基指数基金更容易分析和理解，比较适合定投新手。

A股典型的宽基指数

我国A股，即人民币普通股是最能体现中国股市境况的股票，以A股为标的的沪深300指数、中证500指数等，可以说是A股最具代表性的指数。这里我们就来了解一下以沪深300指数和中证500指数为代表的A股宽基指数。

1. 最具代表性的沪深300指数

（1）沪深300指数简介：由中证指数公司开发，将在上交所和深交所上市的规模最大、流动性最好的300只股票作为样本股纳入指数的计算范围。在市值规模上，沪深300指数标的的股票占据着国内股市全部规模的近60%。所以，沪深300指数最能代表A股的综合表现。

由于沪深300指数同时包括上交所和深交所两个交易所的股票，所以沪深300指数的代码也有两个：沪深300指数在上交所的代码为000300，在深交所的代码为399300。

（2）沪深300指数基金产品挑选：鉴于沪深300指数在市场上的影响力，诸多基金公司都有跟踪沪深300指数的指数基金产品，投资者可以挑选一些大型基金公司中跟踪沪深300指数的产品进行定投。

关于沪深300指数基金产品的挑选要领，投资者可以从这几点出发：费用低廉、误差小、增强型指数。

2. 特殊的中证500指数

（1）中证500指数简介：由中证指数公司开发，将沪深300指数包含的300只股票排除之后，再将近一年日均总市值排名前300名的股票排除，然后在剩下的股票中，选择日均总市值排名前500名的股票作为样本计算指数。可以看出，中证500指数以中型公司为主，有别于沪深300指数。

中证500指数包含上交所和深交所两个交易所的股票，因此也有两个代码：在上交所的代码为000905，在深交所的代码为399905。

（2）中证500指数基金产品挑选：中证500指数在市场上的影响力也非常明显，它的一个特殊表现是：较容易获得超额收益。这是因为中证500指数对应的中小盘聚集着大量的散户，使得这些成分股经常出现一些不理性的涨跌，从而为投资者提供一些获利机会。

同样，很多基金公司都有跟踪中证500指数的指数基金产品。在挑选中证500指数基金产品时，投资者可以重点关注那些大型基金公司，然后选择费用低廉、规模较大、历史悠久、误差最小的基金产品，同时还可以选择具有一定超额收益的指数增强型基金。

这里提到的沪深300指数、中证500指数是一些比较典型的宽基指数，实际上，市场中上证50指数、上证180指数、中证800指数等，同样是比较理想的宽基指数。此外，创业板指数也可以作为投资者的定投对象，不过创业板指数稳定性较差，整体盈利能力较低。

港股典型的宽基指数

港股对应的就是香港证券交易所，简称港交所。港交所是全球著名的股票交易场所。香港证券市场发展较早，因此股票市场也比较成熟。在港股中，同样存在一些具有代表性的指数产品，例如恒生指数、恒生国企指数、香港中小指数。这里，我们就来认识一下港股中的这些代表性指数。

1. 最有代表性的恒生指数

（1）恒生指数简介：恒生指数是港股中最有代表性的指数，代码为HSI。恒生指数是成立于1964年的一只元老级别指数，由香港恒生指数公司开发，以港交所上市的50只规模最大、流动性最好的股票为样本股计算指数，用来整体反映香港股市的情况。

恒生指数尽管是香港股市最有代表性的指数，但随着内地一些大型企业在港交所的上市，内地公司港股股票在恒生指数样本股中的占比越来越高，因而恒生指数开始与A股有了更多的联系。

（2）恒生指数基金投资要领：恒生指数在港股中的影响力不容小觑，国内的一些大型基金公司都有跟踪恒生指数的基金产品，例如，华夏恒生ETF（QDII）、汇添富恒生指数A等。投资者投资恒生指数，可以以QDII型指数基金产品为主。这种投资行为可以理解为一种"代购"，也就是基金公司拿着投资者的人民币合法地去投资跟踪恒生指数的指数基金产品。

2. 价值明显的恒生国企指数

（1）恒生国企指数简介：由恒生指数公司编制，全称恒生中国企业指数，简称H股指数。这里的H股指的是注册地在内地，上市地在香港的用港币交易的股票。最初H股指数的标的股票只有10只，随着该指数的发展，指数逐渐进行了分批扩容，目前H股指数的标的股票达到了50只。扩容后的H股指数，能更加真实地反映在香港上市的内地企业的实际情况。

（2）恒生国企指数的投资要领：目前大多数大型基金公司都有跟踪H股指数的基金产品，投资者投资H股指数时，要关注基金产品的全称，以做好与恒生指数的区分。

除了投资国内的指数基金产品之外，投资者还可以转战国外市场，像国外市场中的纳斯达克100指数、标普500指数等，都是美股中有代表性的指数。

小众的策略加权指数，长期投资收益更好

策略加权指数是指放弃按照市值挑选标的股票，而采用一些策略来为指数挑选标的股票的方法。目前，证券市场中策略加权指数的种类并不多，在A股中有十几种策略加权指数，例如基本面、红利、价值、低波动、央视50、AH优选、行业龙头等指数，它们对应的标的股票数量并不多，甚至有的只有一两只股票。在这些策略加权指数中，比较有影响力的指数主要有红利指数、基本面指数、价值指数和低波动指数。

红利指数

红利指数诞生的时间只有十多年，是一种比较特殊的策略加权指数，它按照股息率来决定个股的权重，即那一只股票的股息率越高，则其在标的股票中的占比就越大。

股票会通过发放股息的形式来回馈股东，即业绩优异的公司会将每年净利润的一部分以现金的形式回馈给股东。当股票的股息率越高时，公司的现金分红力度也会越大，一般情况下，能实现高现金分红的股票，长期持有的平均收益会更高。具有高股息率的股票，就是一棵长生树，能源源不断地回馈股东。

1. 具有代表性的红利指数

目前，国内以股息率为权重的红利策略加权指数代表有上证红利指数、中证红利指数、深证红利指数，这三只红利指数的具体情况见表6-1。

表6-1 具有代表性的红利指数

红利指数	代码	开发者及样本股	开始详情
上证红利指数	000015	由上交所开发，以上交所过去两年现金股息率最高的50只股票为样本股	2004年12月31日从1000点开始
中证红利指数	000922/399922	由中证红利指数公司编制，以上交所和深交所过去两年平均现金股息率最高的100只股票为样本股	2004年12月31日从1000点开始
深证红利指数	399324	由深交所开发，以上市于深交所的40只高现金股息率股票为样本股	2002年12月31日从1000点开始

2. 红利指数的优缺点

红利指数的优缺点主要表现在以下几方面，见表6-2。

表6-2 红利指数的优缺点

优缺点		具体内容
优点	高股息率，在熊市中具有很好的优势	红利指数的股息率较高，熊市分红后再投入的效果会更好，能很好地应对熊市
	波动在各个指数中较低	能长期进行现金分红的股票，对应公司的财务状况一般是良好的，企业的经营状况会更加平稳，相应的红利指数波动也会较小
	有现金流分红	红利指数会获得高分红企业的现金分红，然后再将现金分红以基金分红的形式发放给基金投资者
缺点	样本股的高股息率可能具有短期性	有些被选入的股票只是在短期内出现了高分红，长期分红能力欠佳，影响投资者的收益
	样本股对应的行业具有周期性	一些具有强周期性的行业股被选入样本股时，股息率往往表现出大涨或大跌，影响指数分红的稳定性，较容易从样本股中剔除

基本面指数

基本面指数是从上市公司的经营质量出发来挑选样本股的指数。因此，基本面指数属于质量指数，一般是从营业收入、现金流、净资产、分红出发来衡量上市公司的基本面情况。

1. 具有代表性的基本面指数

目前，国内具有代表性的基本面指数主要有中证基本面50指数、深证基本面60指数、深证基本面120指数。其余基本面指数规模较小，不适合投资者定投。以中证基本面50指数为例，我们来看一下基本面指数是如何挑选样本股的。

中证基本面50指数对四个基本面指标的要求如下。

（1）营业收入：公司过去5年营业收入的平均值。

（2）现金流：公司过去5年现金流的平均值。

（3）净资产：公司在定期调整时的净资产。

（4）分红：公司过去5年分红总额的平均值。

将每家公司在这四个指标下的基本面得分进行排序，从中选取前50名，构成中证基本面50指数的样本股。

2. 基本面指数与红利指数的比较

投资者应该已经发现，在基本面指数和红利指数的计算中，都用到了"分红"这一指标，因此投资者就会好奇这两类指数到底哪一类更具有投资优势。

我们知道，很多企业的分红频率不高，能进行高频次分红的企业，往往集中在某几类行业中。因此，红利指数可能主要投资于某一类或几类行业中；而对于基本面指数而言，分红只是一个参考指标，当一家企业的营业收入、现金流、净资产规模较大时，即使分红指标不是很理想，这只股票也同样有机会被选入基本面指数的样本股中。此外，由于高分红股票在熊市中具有较好的抗跌性，因此，红利指数在熊市中可能会更加稳健一些。不过从长期来看，红利指数、基本面指数都是比较理想的投资对象。

价值指数

价值指数是通过估值指标来筛选样本股的一种指数，这有点儿类似于基本面指数。价值指数用到的估值指标主要有市盈率、市净率、市现率、股息率，这四个指标的计算公式如下：

$$市盈率 = 公司市值 \div 公司盈利$$
$$市净率 = 公司市值 \div 公司净资产$$
$$市现率 = 公司市值 \div 现金流量$$
$$股息率 = 现金分红 \div 公司市值$$

对一只股票来说，市盈率、市净率、市现率越低，股息率就会越高，这只股票就越具有投资价值。价值指数正是基于这样的原理而选股构建的。

实质上，价值指数与红利指数、基本面指数具有一定的相似性，目前国内证券市场上的价值指数并不多，最具代表性的是沪深300价值指数。它是从沪深300指数中挑选出市盈率、市净率、市现率最低，股息率最高的100只股票作为样本股，并且每年还会定期进行调整，撤出一部分估值较高的股票，加入一些估值较低的股票。这是因为，从金融学的角度来看，在长期投资中，估值较低的股票会比估值较高的股票更容易获得超额收益。

低波动指数

低波动指数是挑选市面上的波动率（股票每天涨跌幅的标准差）最低的一批股票作为样本股的指数。对一只股票来说，如果每天的涨跌幅变动不大，那么这只股票就是低波动的。

关于低波动指数，投资者可能会有一些疑惑，因为我们听得最多的是"高波动、高风险、高收益"，所以会想当然地认为"风险越高，收益越高"，那些波动越小的股票，相对应的收益就会越低。在理论上，确实在一些情况下这种认知是成立的。但在实际中，人们发现，高波动的股票往往更具赌博特性，人们总是会对它抱有一种赌徒心理，当大多数人认为高波动股票具有高收益时，就会大量买入，哄抬这些股票的价格，使得股票被高估，易产生泡沫，这反而使得这些股票更容易在市场中受挫。对于低波动的股票，它就相对稳健多了，投资者对它们的关注就没有高波动指数那样明显了，因此这类股票更容易被低估。而我们知道，被低估的股票长期持有反而更容易获得超额收益，所以，长期来看，低波动股票是具有明显的价值上涨优势的。

目前，国内证券市场中的低波动指数代表有中证500行业中型低波动指数。该指数基于中证500指数，对其500只股票按波动率进行排名，选取波动率最低的150只股票作为样本股，而且波动率越低的股票在该指数中所占的权重越高，即更加关注那些不被市场关注的股票。此外，中证500行业中型低波动指数对行业股票数量进行了严格的限制，行业比例等同于中证500指数的行业比例，以免过于集中地投资某一个行业。

中证500行业中型低波动指数在股票指数中属于波动较小的指数，但该指数投资股票，所以与货币基金、债券基金的波动率相比，依然是高波动的。长期来看，该低波动指数还是可以跑赢中证500指数的，因此也是适合投资者定投的一款指数产品。

优秀的行业指数，天生就容易赚钱

与其他各类指数相比，行业指数的投资难度较大，除了行业分析难度较大之外，还与行业自身的一些特点密切相关。我们知道，行业具有周期性，在周期性的发展过程中，有些行业可能会没落、甚至消失，也会有新的行业兴起。对每一行业而言，它们各有特点，因此相应的投资策略会有差异。尽管行业指数的投资难度较大，但行业指数仍然有很多投资机会，甚至有些行业天生就是容易赚钱的行业，例如我们熟知的必需消费行业、医药行业、可选消费行业等。

必需消费行业

必需消费行业也称为日常消费行业、主要消费行业。必需消费，是维持我们正常生活所需要的各种消费品，消费频次较高，同时也是大众的消费刚需，例如各企业生产的农副食品、饮料、酒水等。

必需消费行业是需求最稳定的行业，不管经济状况如何，这些日常消费都是我们不可或缺的。所以，必需消费行业成为很多投资者青睐的投资行业。

1. 必需消费行业的指数

目前，国内必需消费行业对应的指数主要有以下四种。

（1）上证消费指数：以上交所挑选出必需消费行业股票为样本股。

（2）上证消费80指数：以上交所挑选出80家规模最大的必需消费行

业公司股票为样本股。

（3）中证消费指数：以中证800指数（沪深300指数和中证500指数）中挑选出的必需消费行业公司股票为样本股。

（4）全指消费指数：以所有上市公司中挑选出的消费行业公司股票为样本股。

所以，投资者就可以通过基金网站挑选跟踪这些必需消费行业指数的基金产品进行定投。

2. 食品饮料行业——必需消费行业中的主力

在这些必需消费行业中，有一个行业在其中占据着核心地位，可以说是必需消费行业的主力，这一行业就是食品饮料行业。食品饮料企业在必需消费行业企业中的占比达到了90%。因此，还专门开发了以中证食品饮料行业指数、国证食品饮料行业指数为代表的食品饮料行业指数。

（1）中证食品饮料行业指数：以中证全指为样本空间，选取归属于饮料、包装食品与肉类两个行业的85家上市公司股票作为成分股，以反映食品饮料类相关上市公司整体表现。

（2）国证食品饮料行业指数：选取属于食品饮料行业的、规模与流动性突出的50只股票作为样本股，反映了沪深两市食品饮料行业上市公司的整体收益表现，向市场提供细分行业的指数化投资标的。

一些大型基金公司同样开发了追踪中证食品饮料行业指数、国证食品饮料行业指数的基金产品，投资者可以根据需要进行选择。

此外，与食品饮料相关的指数还有中证细分食品饮料产业主题指数，它反映沪深两市细分食品产业公司股票的整体走势，该指数从食品制造等细分产业中挑选规模较大、流动性较好的公司股票组成样本股。

医药行业

医药行业也有对应的医药行业指数，它往往被称为避险板块，特别是遇到经济危机时，医药行业指数的避险优势更加突出。其实可以理解，因为任何时候，医药都是大众的刚需，经济危机一般不会让医药行业陷入不景气的状态。同时，随着人口老龄化问题的逐渐加剧，医药行业在长期发展过程中，依然会是受益行业，甚至有人认为医药行业在未来是朝阳产业。

不过，医药行业关系民生，因此经常受到一些政策的限制，即可能会面临一些政策风险。例如政府出面对药品、医疗器械价格的限制、监管等。但医药行业本身是具有活力的，即使承受这些政策风险，也不影响其成为行业中的佼佼者，收益稳居各行业的前列。

目前，国内医药行业指数主要有以下几类。

（1）300医药行业指数：以沪深300指数中的大型医药行业股股票为样本股。

（2）500医药行业指数：以中证500指数中的主要中盘医药股股票为样本股。

（3）中证医药行业指数：包括300医药行业指数和500医药行业指数的样本股，基本覆盖了医药行业的大中盘股。

（4）全指医药行业指数：以整个A股中的医药行业股票为样本股，覆盖了最全的医药行业股票。

目前，大部分基金公司推出了跟踪这些医药行业指数的基金产品，不过医药行业指数基金规模有些参差不齐，有的基金虽然规模较小，但收益向好，投资者可根据自己的风险承受能力，选择一些比较合适的医药行业基金产品进行投资。

可选消费行业

可选消费是与必需消费相对应的，这种消费品主要在于提高人们的消费质量。例如高档电子产品、高档汽车、高档家电等。当人们的经济水平较高时，可选消费的消费频次可能会提升；而当人们的经济水平下降时，人们不愿意再消费此类产品。可见，可选消费比必需消费的需求要弱很多，同时随着人们经济水平的变化具有一定的消费周期性，当人们的经济水平不允许消费高端产品时，将会选用其他低端产品来替代。

目前，国内可选消费指数较多，但跟踪这些指数的基金产品较少，只有全指可选指数有几只跟踪基金。

全指可选指数从中证全指样本股可选消费行业内选择流动性和市场代表性较好的股票构成指数样本股，以反映沪深两市可选消费行业内公司股票的整体表现。截至2021年1月，广发基金管理有限公司有三只跟踪该指数的基金产品，不过规模相对较小。

实际上，证券市场上的行业指数是非常丰富的，除了这里提到的必需消费行业、医药行业、可选消费行业之外，其他一些行业指数同样具有一定的投资价值。投资者可以直接在一些指数编制公司的网站上进行查询，例如中证指数有限公司，其官网上有中证系列指数、上证系列指数、深证系列指数、新三板系列指数等，在这些指数下就包含着行业指数，投资者如果对其他行业指数感兴趣，就可以在此查看了解相关指数。

第7章

定投进阶，省心省力实现财富滚雪球

在定投基金的过程中，认识各类基金的一些基本投资操作是非常有必要的，同时，随着投资者投资知识的逐渐积累，还需要不断融入一些更加高阶的方法，以帮助投资者聪明投资，获取更高的投资收益。能够用在基金定投中的方法是多种多样的，投资者可以根据需要，选择更适合自己的定投操作方法和技巧，向定投高阶晋级，以提升自己的投资水平。

学习估值，多"算计"更能赚钱

指数基金定投中的估值，就是估算指数的价值，看该指数适不适合投资。估值具有一定的主观性，因此估值结果的准确性有一定的争议，不过只要在一个相对可靠的范围内，也可以说是在一个安全边际中，估值结果还是具有一定参考价值的。在基金定投中，我们对某一指数进行估值，是为了判断跟踪该指数的基金是否具有投资价值，这里，我们着眼于指数基金，来了解一下指数估值涉及的一些基本内容。

认识估值常用的方法及应用

在估值实践中，常用的估值方法有以下两种。

1. 相对估值法

相对估值法是基于一定的参照价而进行的估值。这个参照价可以是历史价，也可以是同类价。在指数基金的估值中，我们可能会参照同类型基金产品的相关情况，来确定自己看中的基金是否具有投资价值。

2. 绝对估值法

绝对估值法是以一种投资产品未来的现金流折现为基础，来计算这种投资产品当前价值的方法。在基金估值中，一种投资产品在未来产生的现金流收益的折现，就是这种投资产品当前的绝对价值。

估值需要用到的那些关键指标

著名的指数基金之父约翰·博格曾经指出,市盈率、盈利、分红是对指数基金投资影响最大的三个指标。我们也知道,每一只指数基金都由若干成分股构成,每一只成分股都会对应相应的估值指标。指数基金投资越来越被看重,如果对其各成分股的估值进行加权平均,就能获得整个指数的估值水平。因此,我们非常有必要认识与指数基金各成分股估值相关的一些指标。

1. 市盈率

市盈率是公司市值与公司盈利之间的比值,用PE表示,计算公式如下。

$$PE = P \div E$$

其中,P表示公司市值,E表示公司盈利。如果应用到每股市盈率上,就是每股市价与每股收益的比率。

市盈率作为一个重要的财务指标,在投资领域有着广泛的影响,成为很多投资者的一个参考指标。市盈率有不同的类型,具体见表7-1。

表7-1 不同类型的市盈率

类型	计算方法	说明
静态市盈率	静态市盈率=市值÷上一年度财务报告的净利润	—
动态市盈率	动态市盈率=市值÷预测未来一年的净利润	未来一年的市盈率情况及其变化比较难以预测
滚动市盈率	滚动市盈率=市值÷最近四个季度财务报告的净利润	时效性高,每季度更新一次

市盈率通常用来判断不同价格的股票是否被高估或者低估。就市盈率而言，没有一个标准的数值。对个股来说，可以用同业的市盈率作为参考；对类股或大盘股来说，可以用历史平均市盈率作为参考。

2. 市净率

市净率也是一个重要的估值指标，它是每股股价与每股净资产的比率，用PB表示，计算公式如下。

$$PB = P \div B$$

其中，P表示公司市值；B表示公司净资产，是公司的资产减去负债之后，由全体股东共同享有的权益。

与市盈率相比，市净率更加稳定。通常，影响市净率的因素主要有以下几个。

（1）净资产收益率（ROE）：用以衡量企业运作资产的效率，是净利润与净资产的比值。对一家企业来说，资产是其经营运作的根本，并且通过资产运作，企业才会产生收益。企业的资产运作效率越高，即ROE越高，市净率也会越高。

（2）资产价值的稳定性：当企业拥有的资产价值具有很好的稳定性，或者随着时间的推移资产价值逐步提升时（如白酒），说明企业拥有的资产的价值不容易发生贬值，这对提升市净率有一定的作用。

（3）无形资产：当企业拥有的品牌、专利技术、社会影响力等无形资产越多时，企业价值的衡量难度就会越大，此时，市净率会失去相应的参考价值。

（4）负债状况：净资产由资产减去负债得来。企业的负债数额较大或者不稳定，会对净资产产生一定影响，进而影响市净率。

3. 股息率

股息率，是用来衡量现金分红的收益率，用如下公式表示。

股息率=现金分红÷市值

　　一些企业会将每年的盈利拿出一部分，以现金的形式发放给股东，这是股东持有股票而获取的收益。股息率会随着股价的波动而变化，一般来说，股价越低，股息率就越高。这其实比较容易理解，当公司经营业绩向好时，股价就会上涨，市值相应增加，而公司的现金分红比率一般是确定的，这样的话股息率就会降低；而当公司经营业绩不佳时，股价也会有一定的下降，进而市值降低，在现金分红比率不变的情况下，股息率就会增高。

　　通常情况下，公司的股息率保持增长状态，因为对于一家公司来说，只要其整体盈利没有问题，现金分红会慢慢增长，这样股息率就会一直增长。当然，这里说的增长，是指一种长期状态，在这个长期过程中，偶尔一两年的现金分红下降也在情理之中。

　　公司的股东长期持有该公司的股票，就能长期获取现金分红，使得股东的投资收益不断增加。因为高股息率的股票更受投资者青睐，所以，此类股票往往是大家看好的投资品种。一般认为，高股息率是指长期平均股息率高于银行储蓄利率。

　　我们了解市净率、市盈率、股息率，目的是分析指数基金投资的哪些股票是否可以带来稳定的投资收益，这是我们挑选指数基金的一种方式。当然，这种分析有一定的难度，投资者可以在实践中慢慢积累，熟能生巧，逐渐会自如地应用到指数的分析中。

三种主要的估值方法，看透基金盈利机制

投资的终极目标就是盈利。我们如果单从盈利的角度对指数基金进行估值，可以发现，适合投资的指数基金盈利状态一般会有三种表现：盈利保持稳定、盈利保持稳定增长、盈利快速增长。这三种盈利状态中适合投资的指数基金，各自对应不同的估值方法。

盈利保持稳定：现金流收益高低观察法

当我们发现一只指数基金的盈利长期保持不变时，就要联系到债权类基金，也就是该只基金的收益可以参考债券类基金的收益变化。我们知道，债权类基金的收益一般会保持一个较为稳定的状态，如果一只债权类基金的盈利出现大涨大落，极有可能是出现了一些问题。同样的，当一只指数基金的盈利在长期保持稳定的状态下，突然出现了大涨大落，那么对应的风险有可能会有所增长，这就需要投资者谨慎了。

此外，关于盈利稳定的指数基金，其收益率要高于国债（国债是安全性最高的投资品种）。如果一只基金的收益率低于国债，那就不值得投资了，更不值得长期定投。那些能提供更高现金流收益的指数基金产品，才是值得投资者选择的。

这就是适用于盈利稳定的指数基金的现金流收益高低观察法，对于盈利保持不变的指数基金，其估值方法也是最简单的，但这样的指数基金数量较少，大部分指数基金的收益变化更加倾向于盈利保持稳定增

长、盈利快速增长，甚至盈利大起大落。

盈利保持稳定增长：盈利收益率法

盈利收益率法是公司盈利与公司市值的比值，即市盈率的倒数。盈利收益率法用在盈利保持稳定增长的指数基金上，可以对指数基金未来的收益进行预测。盈利收益率考虑的是未来稳定的现金流收益及其折现，这其实是一种绝对估值法。

那些能够在未来获得稳定现金流收益的指数基金，当其盈利收益率大于10%时，就比较适合投资。根据格雷厄姆的安全边际理论，当一个投资品种的盈利收益率大于10%时，即使盈利以后再也不上涨，只要这个投资品种背后的公司能够永续、持久地存在且盈利，那么这样的投资品种也是具有投资价值的。

针对盈利保持稳定增长的指数基金，在盈利收益率法下做基金定投，一般会用到以下策略。

策略一：盈利收益率大于10%时，分批投资。

策略二：盈利收益率大于6.4%，小于10%时，坚定持有已经买入的基金份额。

策略三：盈利收益率小于6.4%时，卖出基金。

一般情况下，指数基金的盈利收益率在短时间内变化不是很大，这不会对投资者的定投产生过多干扰，不会过多地扰乱投资者的定投计划。在考虑盈利收益率法定投盈利保持稳定增长的指数基金时，我们只要在每次定投前查看一下基金收益率的范围，然后选择相应的操作（定投、持有、卖出）。所以，盈利收益率法更适合那些流通性较好、盈利比较稳定的基金产品，例如跟踪上证红利指数、中证红利指数、基本面50指数、央视50指数等策略加权指数的基金产品。

盈利快速增长：博格公式

约翰·博格是世界上第一只指数基金的缔造者，有"指数基金之父"之称。博格公式是约翰·博格发明的一种用于分析指数基金收益的工具，用来对影响指数基金收益的因素进行分析，以找到高速增长的指数基金或盈利呈周期性变化的基金品种。

约翰·博格通过长期的投资实践，发现了决定股市长期回报的三个重要因素：初始投资时刻的股息率、投资期内的市盈率变化、投资期内的盈利增长率。所以，针对一只盈利快速增长的指数基金，我们需要结合股息率、市盈率、盈利增长率三项来对这只基金进行估值。

（1）股息率。对一只指数基金来说，它初始投资时的股息率是确定的。通常，指数基金越是被低估，也就是其价格低于内在价值时，股息率反而越高。

（2）市盈率。对一只指数基金来说，当期的市盈率也是确定的，未来的市盈率往往会在一个范围内呈现周期性变化。我们可以通过统计历史市盈率的变化范围来得出当前该只基金市盈率所处的阶段，进而判断市盈率未来会朝着哪个方向变化。一般来说，盈利快速增长的指数基金适合在市盈率较低时买入，这样未来市盈率上涨，投资者会获得更多的收益。

（3）盈利。对指数基金来说，只要国家经济长期发展，那么盈利长期必然是上涨的。所以，我们可以通过对经济走势的判断来预测未来盈利水平的高低。

综合股息率、市盈率及盈利三个因素，在利用博格公式挑选盈利快速增长的指数基金时，还可以从以下几点出发。

• 在股息率高时买入。

• 在市盈率处于历史较低位置时买入。

• 买入后耐心等待均值回归——市盈率从低到高。

跟随微笑曲线，做基于估值的定期不定额投资

对于闲钱不充裕的投资者来说，或许更愿意做定期定额的投资，这种投资相对来说更加省时省事，投资者不需要进行过多的操作，简单设置好定投时间及额度即可。但当投资者逐渐熟练定投操作之后，特别是有了一定积蓄后，依然坚持定期定额投资反而会错失一些市场机会。

为什么要做定期不定额的投资

做定期不定额的投资，除了与投资者日益增长的投资经验、投资知识、投资财富积累有关之外，还与国内A股市场的发展密切相关。我们知道，国内A股市场正在逐渐走向成熟，给投资者创造的投资机遇也越来越多。在A股市场的发展过程中，市场规律越来越清晰化，投资者非常有必要跟随市场行情做出一些更加合理的投资决策和行动。

我们也知道，随着时间的推移，资金的购买力是在下降的。在定投这种长期的投资过程中，如果我们坚持定额投资，这样每一期的定额资金可以购买到的基金份额会越来越少，长期下去，我们获得基金份额就不够多，所以，我们非常有必要跟随市场行情，做出一些投资改变，在市场低位时尽量多投，而在市场高位时少投，甚至择机卖出。

所以，定期定额的投资相对来说只适合较短期的定投操作。投资者如果有更长期的定投计划，并想要放大投资收益，尽早掌握定期不定额投资技巧是非常有必要的。

看准微笑曲线，用定期不定额放大投资收益

优秀的指数基金长期表现是上涨，不过市场是震荡起伏的，一些指数基金在一年中甚至会出现30%左右的上下波动，这就意味着指数基金会出现一些低估区域。在指数基金的低估区域，我们可以花更多的资金来投资，摊低成本，获取更多的基金份额；而在高估区域，我们可以减少投资。这其实就是指数基金定期不定额投资策略的出发点。

在这种定期不定额的投资中，我们要提到微笑曲线，而且更加关注微笑曲线的左侧。

如图7-1所示，在微笑曲线的左侧，坚持越跌越买，这与金字塔买入法的原理类似。

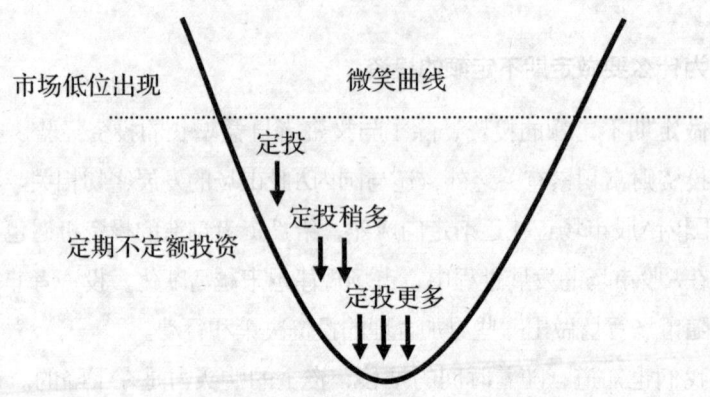

图7-1 微笑曲线下的定期不定额投资

在使用微笑曲线定投方法时，投资者首先要学会的是找准微笑曲线左侧出现的一些迹象，这主要借助于前面我们讲过的一些分析方法：通过技术分析方法研究指数基金跟踪指数的走势来判断微笑曲线是否会出现，还可以通过了解基本面情况对一只基金的波动做出一些预测，等等。

根据微笑曲线做定期不定额的定投看似简单，但实际上对投资者应具备的投资知识还是有一定要求的。投资者必须具备基础的分析技能，才能找准微笑曲线。这也意味着投资者面临的投资风险较大。不过，当我们所选择的指数基金没有问题、足够优秀时，投资者可以在已经确定的微笑曲线中把握好机会，追加资金，获取更多基金份额。对投资者来说，在指数基金出现短期的下跌时不必恐慌，指数的长期上涨是必然趋势，只要市场开始上涨，那么获利机会就会出现。

结合估值，做定期不定额

我们前面已经了解了估值法在定投中的应用，实质上，在定期不定额的投资中，同样可以利用到估值法。

（1）在熊市，当指数基金处于低谷阶段时，指数基金继续下跌的风险会减小，此时投资者可以使用定期不定额的技巧，追加一些投资。

（2）不考虑熊市，如果一只指数基金被低估，估值越低越要考虑追加投资，践行定期不定额投资。

无论是基于微笑曲线还是基于估值，定期不定额投资对投资者的资金量都有一定的要求，只有投资者的资金充足时，才能做定期不定额定投。借钱投资是一种不提倡的投资行为，此外，投资也不能影响到我们的正常生活。

均线与价值平均策略,延伸定期不定额投资

定期不定额投资在基金定投中的实践形式多种多样,投资者除了可以基于微笑曲线、估值做定期不定额投资之外,还可以依据均线定投策略和价值平均策略做定期不定额投资。投资者可以根据自己的定投经验等选择更加适合自己的方式进行基金定投,获取更高的投资收益。

均线定投策略在定期不定额投资中的应用

均线定投,就是将技术分析中的均线引入基金定投中。均线反映的是某一时间段内市场价格的平均走势,在指数基金的定期不定额投资中,通过研究和分析指数基金跟踪指数的K线图,就可以借助均线这一指标反映出的信息对我们的定投金额做出合理的调整,从而更加有效地践行定期不定额这种高阶定投技法。

1. 定投中常用的那些均线

均线反映市场价格的走势,也就是市场趋势。在投资过程中,尤其是在长期投资过程中,判断市场趋势常用的是一些中长期均线,例如60日均线、90日均线、120日均线、250日均线等,这些均线反映的是相应时间段内市场平均价格的变化趋势。

2. 均线定投策略的内容

在使用均线策略时,首先要找到某只基金跟踪的指数。例如,当投资者投资宽基指数基金、策略加权指数基金、行业指数基金等时,都可

以找到它们跟踪指数的K线图。在这些指数的K线图中，250日均线更能反映一年当中市场价格的变化，因此250日均线更适合作为均线定投的参考指标。

一般来说，如果指数的250日均线保持上行趋势，且指数价格在250日均线上，说明市场处于过热阶段，此时，投资者可以减少定投金额；反之，如果指数的250日均线保持下行趋势，且指数价格在250日均线下，说明市场被低估，此时，投资者可以逐渐增加投资金额。

如图7-2所示是沪深300指数在某一时间段内的指数价格与均线的关系。可以看出，在分界线的左侧，指数价格位于250日均线之上，此时投资者最好减少买入跟踪该指数的基金产品；而到了分界线的右侧，指数价格位于250日均线之下，跟随均线的下行走势，投资者可以逐渐增加资金，买入跟踪该指数的基金产品。

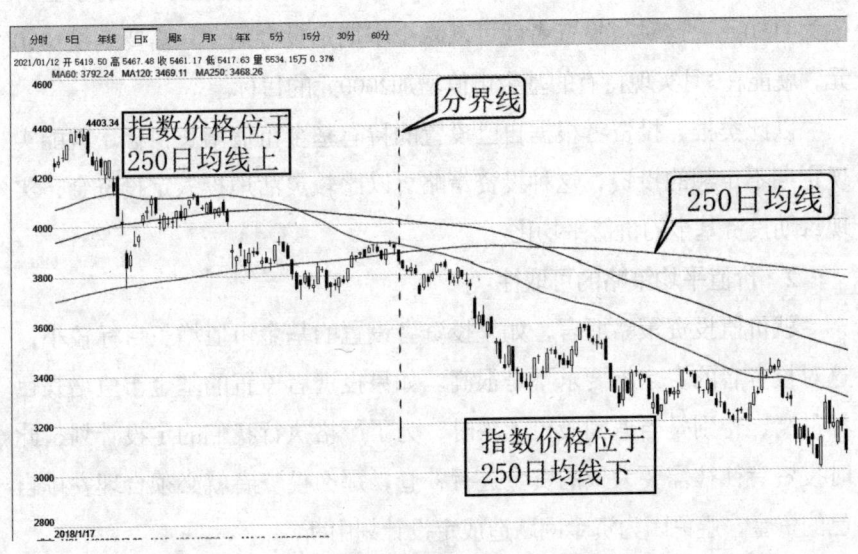

图7-2　沪深300指数价格与均线的关系

基于市值的价值平均策略在定期不定额投资中的应用

1. 价值平均策略的内容

价值平均策略，其实就是让投资者给自己投资的指数基金设定一个市值增长速度。

例如，某投资者的定投周期是月定投，做定期不定额投资，并设定投资目标：让手里的指数基金市值每月增长2000元。该投资者在1月时买入了2000元的指数基金。

到了2月时，市场出现了下跌，此时该投资者基金账户中的基金价值为1900元。这时，为了保证该基金市值每月增加2000元，在2月的定投扣款日，投资者就需要定投2100元，这样才能保证第二期投资结束之后，投资者手里持有的该基金市值为4000元。

到了3月，市场又出现了上涨，此时该投资者基金账户中的基金价值为4150元。这时，投资者就可以减少本期定投金额，只需要定投1850元，就能在3月实现持有的基金市值增加2000元的目标。

以此类推，投资者根据自己设置的持有基金市值增长目标，就能实现定期不定额的投资，这种投资策略可以比较灵活地投入定投资金，实现每期投资基金的价值平均化。

2. 价值平均策略的可取性

就价值投资策略而言，如果投资者设置的基金市值增长目标较小，这对投资者的资金流要求不是很高。如果投资者设置的基金市值增长目标过高，特别是当遇到股市大跌时，为了严格执行我们的定投计划，此时投资者往往需要大量的资金进行补仓，那么投资者就必须合理安排自己的资金，避免因为资金问题造成定投计划中断。

可以看到，定期不定额的投资策略比较多样，投资者可以根据自身的实际情况（投资知识积累、资金安排等）选择相应的方法做定期不定额的基金定投。

天天基金App中的三种智能定投方式

本章讲述的这些定投技巧，属于智能定投的范畴。与普通定投相比，智能定投会有这些表现：定期不定额、移动止盈、目标止盈、低位多投等。此外，一些渠道中的智能定投，投资者只需设置好相应的目标收益率，在目标收益率实现之后，系统会自动触发赎回，省去了投资者的手动操作。例如，在天天基金App中，除了普通定投外，还有智能定投方式，这种智能定投涵盖三种定投操作技巧，分别是目标止盈定投、移动止盈定投、慧定投。这里我们就来了解一下天天基金App中的三种智能定投策略。

目标止盈定投策略

目标止盈定投：设定目标收益率，达到目标收益率后自动赎回完成止盈，锁定目标收益。

使用目标止盈定投法时，采用定期定额的基金买入方式。卖出时机与投资者设置的目标收益率有关，只要投资者设置好相应的目标收益率，在定投过程中，收益率达到目标收益率时，就会触发自动赎回。

目标止盈智能定投方式可以借助图7-3来理解。

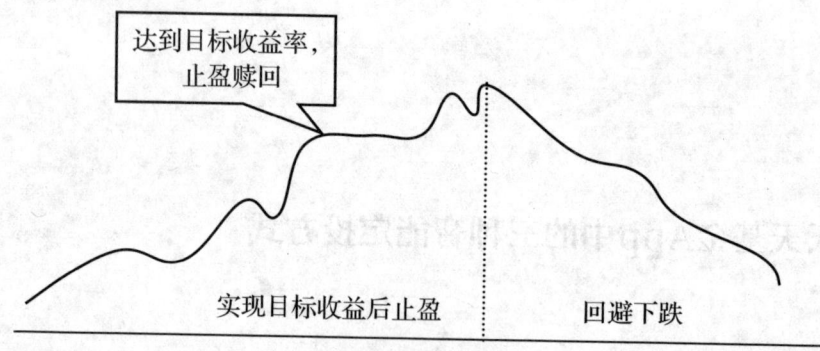

图7-3 目标止盈法

移动止盈定投策略

移动止盈定投：设定期望收益率，达到期望收益率后，若继续上涨，则继续持有；若出现回撤触发赎回，则锁定收益。

使用移动止盈定投法时，采用定期定额的基金买入方式。卖出时机与投资者设置的目标预期收益率有关，只要投资者先设置好期望持仓收益率，达到期望收益率后持续上涨不会止盈，让投资者充分享受投资收益；直至收益率达到移动止盈回撤比率，触发回撤自动止盈。

移动止盈智能定投方式可以借助图7-4来理解。

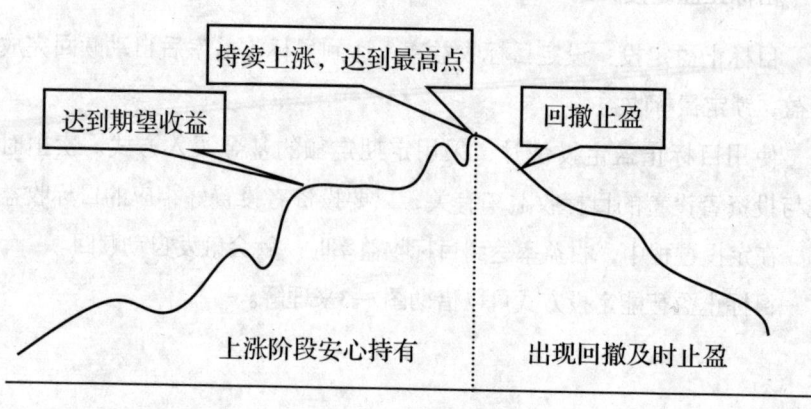

图7-4 移动止盈法

慧定投策略

慧定投：是移动止盈策略的升级版。跟随市场行情指数，指数越低估，定投金额越多，越能实现低位加仓、摊薄成本。达到期望收益率后，若继续上涨则继续持有；若出现回撤则触发赎回，锁定收益。

使用慧定投法时，采用定期不定额的基金买入方式，即设置参考目标的指数，当指数处于低估或极低估状态时，每期投入金额分别为平时的1.5倍和2倍。卖出时机与设置的期望持仓收益率有关，达到期望收益率后持续上涨不止盈，投资者可充分享受上涨收益；直至收益率上涨到移动止盈回撤比例触发回撤自动止盈。

慧定投智能定投方式可以借助图7-5和图7-6来理解。

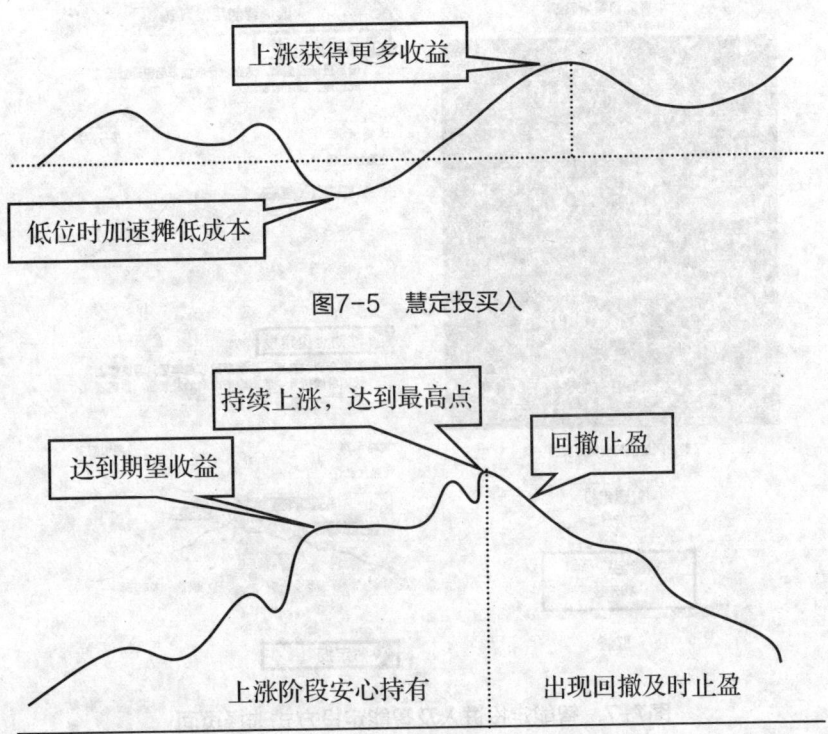

图7-5　慧定投买入

图7-6　慧定投止盈法

就这三种智能定投策略而言,卖出方式增加了自动止盈这个功能,这就很好地解决了投资者止盈的择时问题。天天基金App上对这三种智能定投方式都有比较详细的介绍,投资者可能在智能定投页面进行了解。

在天天基金App上体验智能定投

投资者在天天基金App上挑选到优质的基金后,选择"智能定投",进入智能定投方式选择页面,如图7-7所示。在对目标止盈定投、移动止盈定投、慧定投有一定了解基础上,选择投资者更加偏好的智能定投方式。

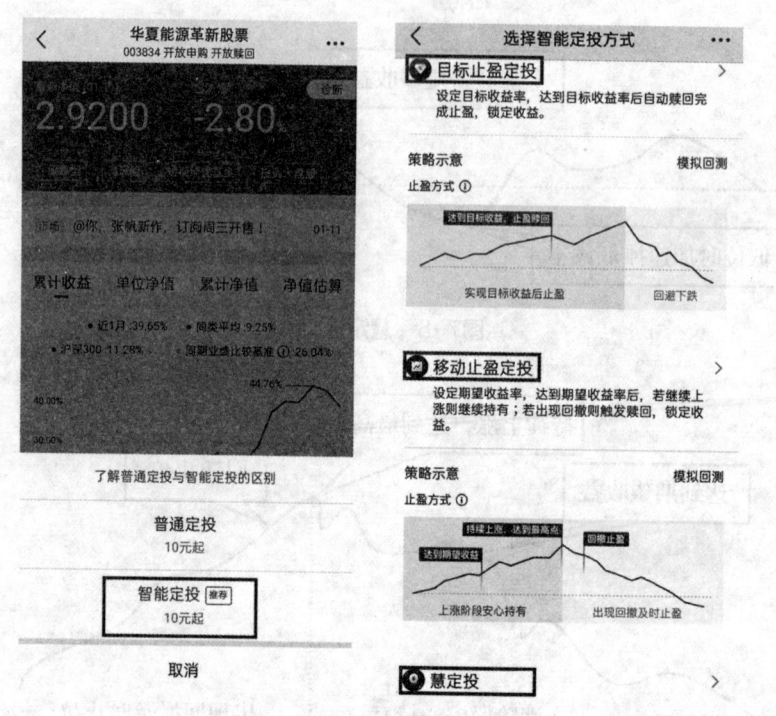

图7-7　智能定投进入及智能定投方式选择页面

第7章 定投进阶，省心省力实现财富滚雪球

这里，我们选择目标止盈定投方法进行智能定投演示。如图7-8所示，选择目标止盈定投法，进入目标止盈定投页面，点击"开启智能定投"，进入新建目标止盈定投页面。在智能定投创建页面，投资者还可以继续更换定投策略，并对定投策略参数进行更改，再完成扣款时间设置，确认定投计划无误后就可以点击"同意协议并创建定投计划"，完成智能定投的设置。

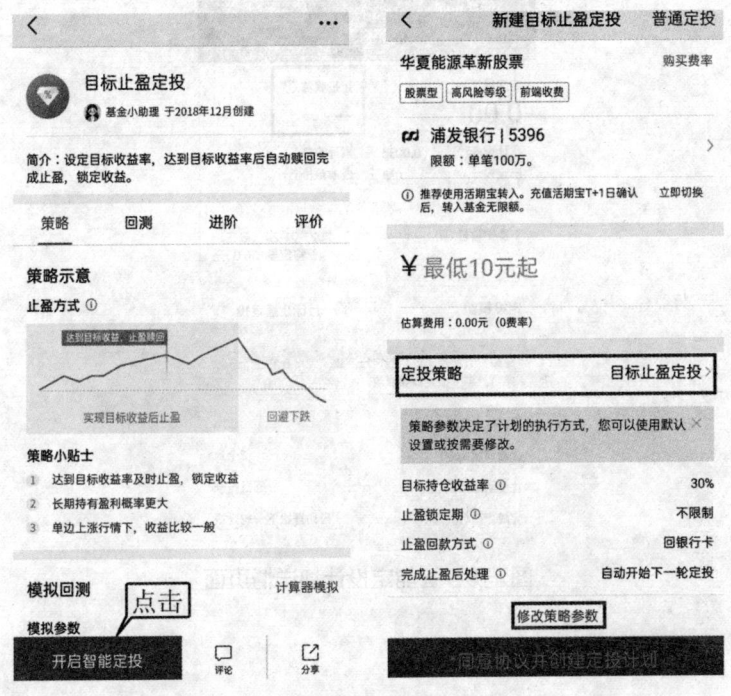

图7-8 目标止盈定投法操作演示

智能定投的查看与普通定投的查看途径一致，不过，进入智能定投的详情页面时，投资者可以看到的定投信息就比较多了，除了定投策略的一些基本信息之外，还有定投收益一项，如图7-9所示，这在普通定投中是没有的。

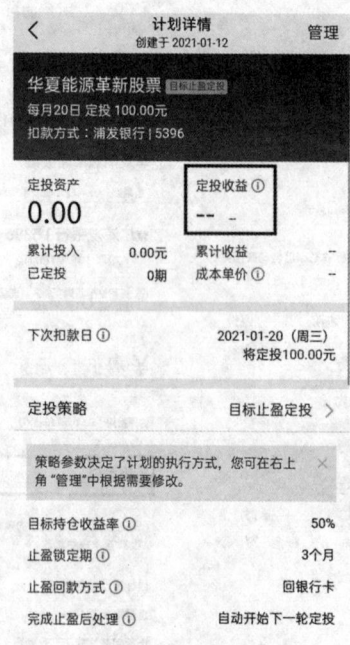

图7-9　智能定投计划详情页面

第8章

优化基金组合,获取高收益

在证券市场中,资产的风险由系统性风险和非系统性风险构成。系统性风险是整个市场中普遍存在的风险,这种风险无法消除;非系统性风险由单个资产内部的一些因素决定,可以采取一些手段进行控制。就基金投资而言,通过组合定投,往往可以在一定程度上化解非系统性风险。尽管基金本身就是一种分散的组合投资,但在此基础上继续进行组合定投,一般会取得更好的投资效果。

组合投资入门，了解基金组合的要点

投资大师彼得·林奇曾说过："你应该买几只不同的基金，它们的经理追求不同的投资风格：价值型、小型公司、大型公司等。投资六只相同风格的基金不叫分散投资。"好的投资组合能帮助投资者有效化解投资风险，获取更高的投资收益，因此构建投资组合是投资中的一项重要工作。

构建基金定投组合的依据

基金本来是一种分散化的组合投资，因此，有人认为在基金定投方面构建投资组合的意义不大。实际上，每一只基金对应着不同的基金管理公司、不同的基金经理、不同的投资方向，以及不同的投资风格。所以，每一只基金都是独一无二的，都面临着不同的投资风险，对应着不同的收益。那么，在基金定投的过程中，构建定投组合也是一种可取的投资策略。

构建投资组合的目的是分散风险，这就需要投资者对不同风格的基金产品进行投资，以达到组合投资、获取高收益的目的。一般来说，投资者构建投资组合的依据主要有以下几点。

1. 依据风险和收益来构建基金组合

不同类型的基金给投资者带来的风险是不同的，其中，股票型基金风险最高，货币型基金风险最小，债券型基金风险居中。收益和风险通常是成正比的，所以，在构建基金定投组合时，投资者要合理平衡各类型基金产品的比例。

2. 依据投资期限来构建基金组合

投资者要了解自己手中闲置资金可以运用的期限，以此来建立一些备选的候补基金。另外，当市场行情出现明显的大幅调整时，投资者也可以对自己的投资组合进行调整。

3. 依据投资者自身特点来构建基金组合

投资者也可以根据基金的特点、业绩等因素，并结合自身在投资方面的风险偏好等，有针对性地选择基金产品进行组合投资。

投资者构建定投组合，通常是从不同基金产品的特性出发，以自身的经济实力为基础，秉承"不把鸡蛋放在同一个篮子里"的理念来进行投资组合构建的。这里我们还要明确一个道理：那就是只有在"鸡蛋"比较多的情况下，我们将其放在不同的篮子里投资才会更加安全；如果"鸡蛋"数量本身就很少，那就没必要花费时间、精力将它们分散到多个篮子里。

构建基金组合的层次

构建基金定投组合需要投资者对基金基础知识有充分的了解，也就是能熟悉各类基金产品的特性，这样才能自如地构建风险更小、收益更有保障的投资组合。一般来说，投资者构建投资组合有以下两个层次。

1. 第一个层次

在股票型、指数型、债券型等不同类型的基金产品之间进行组合配置。

投资者配置定投产品时，一般要考虑投资目标、风险偏好、年龄结构等因素，来使配置的资产组合具有一定的流动性、稳健增长性，以及一定的增值潜力。这就需要投资者在债券型基金、指数基金、股票型基金中做好配置。例如，我们认为指数基金更具有定投的潜力，那么投资者在将主要的资金（70%左右）投资于指数基金时，为了保值以及确保自己的资金具有一定的流动性，投资者还可以将一部分资金（30%左右）直接用于债券型基金的申购，特别是一些增强型的债券型基金。因为我们知道，债券型基金整体是保持缓慢增长状态的，再加上债券型基金收益高于货币型基金，且申赎费用较低，便于投资者根据资金状况随时申购和赎回。

2. 第二个层次

构建基金定投组合不仅要在同类型的基金产品之间进行资产配置，还要考虑平衡基金投资风险，来降低整体的基金定投风险。

例如，投资者定投股票型基金时，可以按大盘基金、中小盘基金、成长基金、价值基金等不同的类别进行组合，从而进一步规避市场风险，获得市场周期性变化及板块轮动带来的收益。

三种基金组合形式，总有一款适合定投

投资者构建基金投资组合时，可以选择的形式有三种，分别是哑铃式、"核心+卫星"式、金字塔式，这三种基金投资组合形式同样可以应用到基金定投组合的构建过程中。下面我们就来了解一下这三种基金投资组合形式。

哑铃式

哑铃式组合投资模式是目前市场上比较成熟的投资方式之一，其基本思想是同时投资两类风险收益特征反差较大的基金产品。例如"股票基金+债券基金""大盘基金+中小盘基金""价值基金+成长基金"。可以看出，哑铃式基金组合投资模式是一种集成长与价值、周期性与防守性并存的投资策略，组合中的两类基金可以很好地规避市场波动带来的损失。

哑铃式基金组合的结构简单，基本形式如图8-1所示。

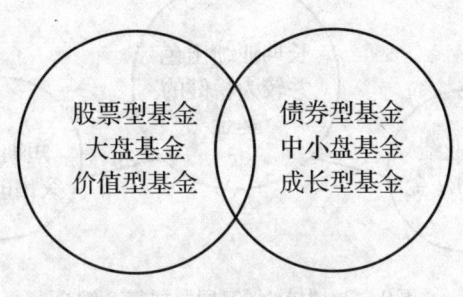

图8-1　哑铃式基金组合

投资者如果构建哑铃式的基金定投组合形式，后续的管理工作比较简单，能利用不同类型的基金形成优势互补。如果投资者构建的是一个包含股票型基金和债券型基金的哑铃式投资组合，那么该组合就兼有成长性和稳定性的特点。在遇到股市上涨时，该组合能够利用股市获取较高的收益；在遇到股市不景气时，债市一般会有较好的表现，此时投资者同样可以获取较为稳健的收益。

"核心+卫星"式

"核心+卫星"式投资模式也是一种相对灵活的基金组合方式。在"核心+卫星"式投资模式中，"核心"部分通常选择那些长期业绩出色并较为稳健的基金产品，这一部分选择确定之后，一般不再调整；"卫星"部分一般选择短期业绩突出的基金，这一部分可以根据组合的需要适时地进行调整。

"核心+卫星"式基金组合整体来说是一种稳健的基金组合，其基本形式如图8-2所示。

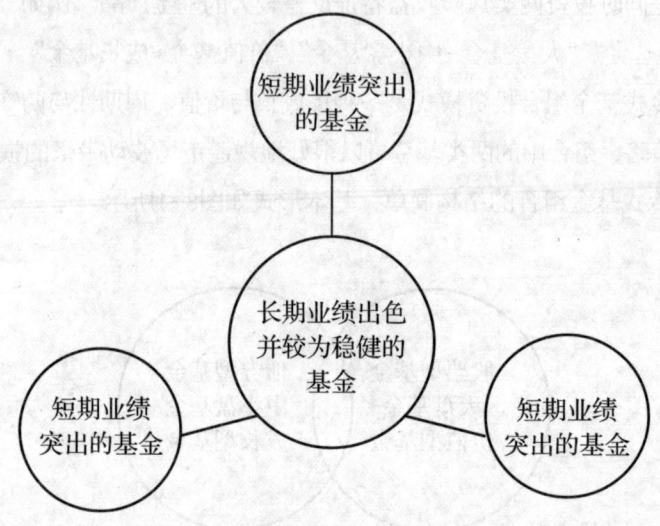

图8-2 "核心+卫星"式基金组合

"核心+卫星"式能够保障基金组合的长期稳定性,能满足基民灵活配置基金产品的需求,投资者一旦构建完成这样的投资组合,就不需要再频繁地进行调整。

金字塔式

金字塔式也是一种非常灵活的基金投资组合构建方式。在金字塔式投资组合构建过程中,投资者首先要在金字塔的底部配置一些稳健的债券型基金或相对灵活的混合型基金;在金字塔的中间配置一些能够充分分享市场收益的指数基金;在金字塔的顶部配置一些高成长性的股票型基金。

金字塔式基金组合模式非常简单透明,如图8-3所示。

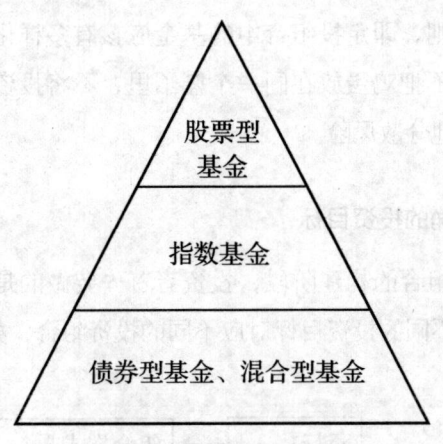

图8-3 金字塔式基金组合

在金字塔式基金组合中,投资者还可以根据自己的风险偏好与投资目标,适当调整各类型基金的比例,以保证组合更加有效。

简单三步,构建你的基金组合

在具体基金定投组合构建方面,一般会有三步,分别是确定投资目标、制定核心组合基金、配置非核心组合基金。要完成基金定投组合的构建,除了要遵循以上三个基本步骤之外,还要遵从投资组合构建的三个原则:投资目标匹配原则,即基金组合的整体倾向要与投资目标匹配;风格配置原则,即定投组合中的基金应该有多样化的风格特征;分散风险原则,即不把鸡蛋放在同一个篮子里,不将投资目标集中在一只基金上,尽可能地分散风险。

确定一个明确的投资目标

在基金定投组合的构建阶段,投资者首先要做的是确定自己的投资目标,一般地,不同的投资目标对应不同的投资组合,如图8-4所示。

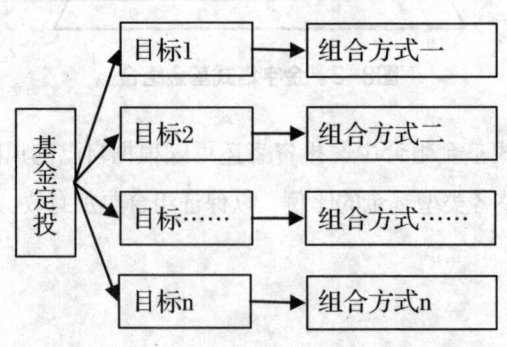

图8-4　投资目标与投资组合的关系

投资者在确定投资目标时，往往会从这些方面进行考虑：风险偏好、年龄结构、资产状况等。考虑这些因素的出发点是构建出风险更小、收益更有保障的基金组合。表8-1中是常见的基金投资组合模式，在基金定投组合的构建过程中，投资者也可以参考这些组合模式来构建相应的定投组合。不过需要注意的是，在定投中，一般不会选择现金和货币型基金，投资者可以将这两者的占比分配到其他基金产品上。

表8-1 基金投资中的风险组合模式

基金组合模式	具体结构（%）					适宜对象
	现金	股票型基金	混合型基金	货币型基金	债券型基金	
保值型组合	20	10	10	10	50	风险承受能力低、期望资产保值、投资目标实现周期较短的投资者
保守型组合	10	20	10	15	45	风险承受能力较低、期望资产稳步增值、投资目标实现周期较短的投资者
平衡型组合	5	35	15	0	45	具有一定风险承受能力、期望资产快速增长、投资目标实现周期较长的投资者
成长型组合	5	40	15	0	40	风险承受能力较高、期望资产快速增长、投资目标实现周期较长的投资者

（续表）

基金组合模式	具体结构（%）					适宜对象
	现金	股票型基金	混合型基金	货币型基金	债券型基金	
进取型组合	5	55	10	0	30	风险承受能力高、追求较高的价值增长且投资目标实现周期长的投资者

制定核心组合基金

在投资者确定了自己的基金定投组合模式之后，接下来投资者就需要为组合构建一些核心基金。投资者选择定投的核心基金时，可以把视角放在宽基指数基金、策略加权指数基金等大盘基金上。

通常，针对投资者的投资目标，投资者可选择3～4只业绩稳定的基金作为组合的核心基金，这些核心基金决定着定投组合的长期业绩表现。在定投组合的核心基金确定之后，一般要保证这些核心基金不变，也就是投资者无须再增加过多的核心基金种类，而是根据市场表现以及自身的闲余资金规模，在相应的定投时点增加这些核心基金的投资额度，这种做法更有利于保持定投组合的稳定以及业绩表现的稳定。

配置非核心组合基金

一个投资组合中除了核心基金之外，还可以配置一些非核心基金，这样做更能实现多样化投资。一般地，行业基金、新兴市场基金、小盘基金等可以作为基金组合的非核心基金。

投资者配置非核心基金时，要注意这些非核心基金的风险大小。一般情况下，非核心基金具有较高的投资风险。因此，投资者挑选非核心基金时，也需要基于多样化的考虑，挑选多种形式的基金，以实现对组合整体风险的化解。

　　投资者构建基金定投组合时，并不是组合中基金的数量越多越好，而是组合中每只基金的差异化程度越明显越好。当然，如果定投组合中的某只基金发生了一些变化，不再利于投资，或者投资者的投资目标有了改变，投资者可以对定投组合中的基金进行调整，以确保定投组合的有效性。

指数基金常见组合定投的分析

基金组合定投，是一种刚柔并济的投资策略，其操作过程就是多找几个篮子（基金品种），把我们的鸡蛋（资金）分散到这些篮子中，然后等待获取收益。在组合定投中，遵从微笑曲线依然很关键，找到那些高波动、高收益、高成长的指数基金进行组合定投，以突破我们对投资的认知限制，更好地化解投资风险，从而在赢取投资收益方面掌握主动性。这里我们就来分析一些指数基金常见的定投组合。

宽基指数基金的定投组合分析

根据组合定投的原理把资金分散到宽基指数基金中，进而在不同风格的基金中进行组合定投，能够平滑结构性市场造成的一些亏损，从而保证基金投资能够有一个更好的收益率。在组合定投宽基指数（沪深300指数、中证500指数等）对应的指数基金时，我们需要注意以下两点。

1. 任何比例的定投组合均能有效分散风险

我们知道单只基金受市场影响还是比较大的，单独定投某一只宽基指数基金时，几乎每年都能遇到一些指数亏损的情况，因此，投资者可以按不同的比例构建定投组合，这样就能有效避免因为选错基金而面临的一些不确定性非系统风险，从而让投资收益更有保障。

2. 大小盘宽基指数混搭组合分散投资风险

宽基指数包罗万象，对市场动荡的敏感度较低，因而更能表现出

"稳"的特性。但需要注意的是，宽基指数较容易受到投资风格的影响。所以，在定投宽基指数基金时，投资者还可以坚持大小盘宽基指数混搭的理念，尽可能地分散资金，分散风险，选择处于不同盘面中的宽基指数构建定投组合。

行业指数基金的定投组合分析

行业指数基金组合定投也是投资者的一种选择。对于投资经验丰富的投资者来说，选择行业指数基金构建定投组合，往往比投资宽基指数更有获利空间，这是因为一些处在风口中的行业指数基金往往差异较为明显，这在组合定投层面也具有一定的优势。此外，这些处在风口中的行业指数基金还具有"三高"特性——高成长、高景气、高波动。

1. 高成长

具有高成长性的行业指数基金，最好是在低估时买入，并等待未来的市场上涨。例如生物医药行业、信息技术行业、科技传媒行业等，前景可期，投资者可以根据国家发展规划等来选择一些在未来具有高成长性的指数基金加入到定投组合中，来使投资组合的整体收益率更高。

2. 高景气

高景气的行业指数同样具有投资的价值。投资者可以根据历史收益率情况来选择一些高景气的行业指数基金加入到定投组合中。例如2020年中，涨势明显的行业指数有光伏产业、中证白酒、新能源汽车等，可见这些行业目前仍然是景气行业，仍然具有投资的价值。

3. 高波动

说到行业指数基金的高波动，我们自然而然地会联想到微笑曲线。确实如此，这些跟踪高波动行业指数的基金产品，在指数基金组合定投中，同样具有一定的投资优势。所以，看准在未来具有发展前景的高波动指数基金，对获取高投资收益有重要作用。

"成长+价值"的定投组合分析

"成长+价值"组合定投模式也是一种重要的组合投资模式。对于普通投资者来说，通过组合投资，能很好地规避单只基金出现"黑天鹅"等突发事件。所以，投资者在熟练掌握基金投资策略之后，学习组合定投，能很好地提高收益率。

在"成长+价值"组合定投模式中，成长型基金追求的是长期资本的长期增长，资金主要投资于资信好、长期盈余或有发展前景的公司；价值型基金是将资金主要投资于目前价格比内在价值较低的股票，预期股票价格在未来有一定的上涨空间。

因此，将成长型指数基金和价值型指数基金进行组合定投，能各取所长，更好地发挥出组合定投的优势，降低投资风险，提高投资回报率。

第9章

定投基金如何卖？瞄准时机锁定收益

定投基金的卖出时机与定投收益有着密切的关系。在基金定投中，尽管我们一直强调在市场上扬的"嘴角"处卖出基金，但在实际中，这个上扬的"嘴角"往往不是特别容易发现和把握的。因此，我们有必要对定投基金的卖出时机进行研究，利用一些更加有效的方式，发现卖出信号，及时止盈，来更好地锁定投资收益。

目标收益率止盈，达到目标及时赎回

定投基金获利的一个关键是能够瞄准卖出时机，及时止盈。有人认为止盈是一种见好就收的卖出策略。在天天基金App的智能定投策略中，我们对目标收益率止盈策略已经有了初步的了解。目标收益率止盈法就是见好就收的一种投资策略，只要实现了目标收益率，就无须再关注后市变化，及时赎回基金，以便把自己赚到的先收入囊中。

目标收益率止盈的基本操作

目标收益率止盈是指在坚持定投的过程中，特别是指数基金的定投过程中，一旦收益率达到了我们设定的目标收益率，就进行止盈。不过，在定投止盈的过程中，还需要了解一些与止盈相关的基本操作。

1. 止盈操作的注意事项

（1）止盈操作不可太频繁。这主要是基于对赎回费率的考虑，对于大部分指数基金来说，短期买入和卖出的赎回费率还是较高的。例如一些指数基金的赎回费率为：持有期限小于7天，费率1.50%；持有期限大于等于7天，小于1年，费率为0.50%；持有期限大于等于1年，小于2年，费率为0.25%；持有期限大于等于2年，费率0.00%。当然，也有一些费率设定较为简单、费率较低的指数基金。但总体来说，短期赎回产生的费用，对投资者来说还是一笔损失，如果这种赎回操作比较频繁，那么损失就会更多。

（2）止盈收益率设置得不能太低。止盈收益率如果设置得过低，相对比较容易达到止盈点进而触发止盈机制。一方面，这可能会使止盈操作变得更加频繁；另一方面，止盈收益率过低，早早止盈，有可能错过牛市，不能为投资者带来可观的投资收益。因此，设置止盈收益率时，要避免设置得过低。

2. 止盈点的设定

目标收益率止盈法的核心是制定目标收益率止盈点，因此，投资者要对目标收益率有一个较为深入的认识。根据以往的投资经验，以及对投资者目标收益率的研究发现，在指数基金的定投过程中，30%这个目标收益率被很多投资者较为频繁地采用，当然，这个收益率指的是年化收益率，这一点投资者在设定目标收益率时要认识到。

关于30%的年化目标收益率是如何得来的，这与证券市场中的可转债有一定的关系，这里我们就不再赘述。此外，在基金定投中，15%～20%的年化目标收益率都是比较合理的，这个范围内的年化收益率其实也接近沪深300指数的年化收益率。在具体的定投基金年化收益率设定过程中，投资者可以参考定投基金的历史年化收益率等来设置定投目标收益率。

3. 更精确目标收益率的确定

如果目标收益率过高，可能会错过最佳的止盈时机；如果目标收益率过低，就不会取得较高的投资回报。因此，在确定目标收益率时，有时会将"机会成本"考虑进来，即基于机会成本来确定最小目标收益率。最小目标收益率的计算可以采用如下公式。

$$最小目标收益率（机会成本）=(1+通货膨胀率+理财产品的年化收益率)^{定投年限}-1$$

在计算出最小目标收益率的基础上，投资者就要确定一个高于机会成本的目标收益率，至于具体高多少，就因人而异了。

此外，还有一种更简单的目标收益率确定方法，那就是观察最近几轮牛市中，投资者的指数从最低点到最高点涨了多少，然后再取一个最小涨幅来判断牛市，等牛市到来时，若涨幅达到了这个最小涨幅，那么这时的收益率就是目标收益率，此时也就可以准备止盈了。

目标收益率止盈的缺点

目标收益率止盈法虽然是一种常用的止盈方法，但也存在一定的缺陷。一般来说，目标收益率止盈法的缺点主要有以下几个。

1. 并不适合所有的投资者

不同的投资者入场时机不同，例如，在低位入场的投资者，在目标收益实现之后，就会尽快离场；而对于高位入场的投资者，入场时已在高位，目标收益率往往很难实现，或者要花更久的时间才能实现。

2. 容易错过大牛市的上涨行情

这是指一些投资者由于对市场预期较低，设置的目标收益率也相对较低，然而实际情况是市场进入了大牛市，过低的收益率让投资者过早地采取止盈措施，进而错过大牛市。

3. 波动幅度较大的基金更适合

波动幅度较大的基金，本身就比较适合定投，同时也比较适合目标收益率止盈法。就波动幅度较大的基金而言，即使短期内不能实现目标收益率，但是只要坚持定投，等到下一次上涨出现时，就能有效地实现目标收益率。在投资的过程中发现，中证500指数在市场中的波动幅度较大，投资跟踪该指数的基金产品会是一个不错的选择。

估值止盈，耐心持有获取牛市高收益

估值止盈法的原理是根据历史数据对市场的价值进行预估，如果估计的市场价值过高或接近历史转折点，说明股市的转折点即将到来，此时就需要准备赎回基金来及时止盈。估值止盈法中用到的判断指标一般是市盈率，即设定一个目标市盈率，在达到目标市盈率之后赎回基金。

估值止盈法的操作要领

在投资过程中使用估值法，不仅可以买到被低估的基金产品，还可以在基金产品被高估时及时卖出，从而获取理想的投资收益。关于估值的一些基本内容，我们在前文中已经讲过，这里，我们介绍估值指标市盈率（PE）在估值止盈法中的应用。此外，市净率在估值止盈法中的应用与市盈率类似，这里就不再赘述。

一般来说，在牛市中，PE值较高；在熊市中，PE值较低。例如，图9-1是中证500指数的历史PE走势变化。从图中可以发现，在2007年、2009年和2015年的大牛市中，中证500指数的PE值均表现出了规律性的上涨和下跌，同时PE值都超过了80的位置。所以，按照这样的规律，中证500指数的PE值有可能在下一波牛市中继续上涨并超过80点。

图9-1 中证500指数历史PE走势

基于此,对我们投资的中证500指数基金产品,在设置估值指标时,可以设置三个止盈标准,分别为PE=70,PE=80,PE=90,即当PE上升到70、80、90时,就可以赎回部分或全部基金。

从中证500指数的走势可以看出,在投资者定投的次数相同的前提下,止盈市盈率设置得越高,那么相应的定投收益率也越高。不过在这一过程中,要达到较高的市盈率,通常要花较长的周期,同时指数的走势也有一定的不确定性,并不能保证在下一次牛市到来时仍达到前一次的高度。因此,投资者在使用估值止盈法投资指数基金时,要注意以下几点。

(1)选取估值指标时,可以重点考虑市盈率指标。

(2)不同板块的基金产品估值范围一般不同,投资者要结合历史点位和估值走势,选择与自身风险偏好相适应的止盈策略。

(3)在实施高位止盈策略时,也要关注到风险,风险与利益是共存的,只有低位多投,高位少投,才能在高位卖出时获取更丰厚的收益。

(4)在高位阶段,如果投资者把握不好被高估的程度,可以选择分批卖出的策略。

估值止盈法的优势和缺陷

在投资指数基金时,估值止盈法比较适用,我们只要研究相关指数基金跟踪指数的市盈率变化趋势及规律，就能在一定程度上根据市盈率设计相应的止盈点，进而跟随市场变化适时卖出基金。但估值止盈法也有一定的适用局限，这里我们就对估值止盈法的优点与缺陷进行归纳。

1. 估值止盈法的优点

（1）牛市收益高。根据估值止盈法的原理，如果投资者可以很好地把握市场上涨行情，并顺利进入牛市，那么投资者就能取得较高的收益。而且如果投资者的定投采用的是红利再投资的方式，那么对应的投资收益会更高。

（2）长期持有时，投资者可以享受到投资品种本身盈利上涨带来的收益。有些指数基金品种，例如一些优质策略加权指数、红利指数、行业指数、主题指数等，其每年的盈利增长可以超过10%，如果能够较长期地持有，投资者就可以根据指数的上涨规律，设置更高的止盈收益率，等待市场高点卖出。

2. 估值止盈法的缺陷

（1）并不是所有的指数都适用估值止盈法。在一定程度上，估值止盈法只有用在那些估值指标（市盈率）变化规律明显、有周期可寻、牛市估值可预测的指数上时，才能发挥出最好的止盈效果。

（2）估值指标受一些因素的影响可能会出现不确定性。例如，估值止盈法常用的估值指标市盈率PE，受公司市值和盈利的影响，也可以延伸出市盈率受公司股票价格P和每股盈余EPS的影响，而当EPS涨幅高于P时，便会出现市盈率的下降，即估值整体下降。因此，使用估值止盈法时，止盈点的确定具有较高的难度，投资者要结合指数标的股对应公司未来的经营情况、行业成长空间等综合判断。

其实，估值止盈法只是一种止盈策略，并不是绝对的，投资者如果觉得不适合自己，或者觉得估值止盈法的操作难度较大，可以寻找更适合自己的止盈策略。

不止盈，长期持有获取分红收益

对于长期坚持定投指数基金的投资者来说，有时候不止盈也是一种策略。约翰·博格、巴菲特等投资大师，也对这种投资策略持肯定态度。当投资者投资的指数基金能够带来可观的分红收益，并且这些分红收益能够满足投资者的日常消费需求时，投资者可以坚持长期定投不止盈，来获取分红收益。

长期持有指数基金获利的依据

当投资者打算长期持有一只指数基金时，必须要有承担熊市损失的勇气，而且还能坦然地面对股市的波动，并能在指数被低估时买入，坚持长期持有。此外，坚持长期投资并能获取可观的分红收益，对投资者的投资规模也有一定的要求，投资额越大相应的分红收益才会越丰厚。同时，只有当长期持有的指数基金足够优秀时，才能为投资者带来可靠的分红收益。

在投资的过程中，投资者的收益分红有两部分，一部分是基金净值上涨带来的收益，另一部分是分红收益。当投资者长期持有指数基金而不卖出时，投资者能获得的就是分红收益。

在符合有关基金分红条件的前提下，指数基金的收益分配方式有现金分红与红利再投资两种。大多数开放式基金默认的收益分派方式是现金分红，投资者也可以在基金账户中选择或者设置现金红利或红利再投资。

　　投资者在享受现金分红收益的同时，还要承担相应基金收益分配时所发生的银行转账或其他手续费用。在一些基金招募说明书中关于基金分红事项还会载明：对于场外份额，当投资者的现金红利小于一定金额，不足以支付银行转账或其他手续费用时，基金登记机构可将基金份额持有人的现金红利自动转为对应类别的基金份额。

　　一般来讲，只要指数基金背后的上市公司能够长期获得稳定的收益，并且有相应的收益分配政策，那么投资者大额定投指数基金就更容易获得现金分红收益。

长期持有指数基金的挑选依据

　　就指数而言，其本身就具有长期上涨的趋势。在投资者选择长期持有指数基金时，一定要抓住指数基金的特性挑选一些可靠的指数基金来长期定投。一般地，股息率高低可以作为投资者判断是否可以长期持有指数基金的依据。

　　如果一只指数基金的股息率高、分红稳定，那么对应的分红收益也会更高，这样的指数基金就比较适合长期持有和投资了。一些大盘宽基指数，例如中证50指数、沪深300指数、恒生指数、H股指数、红利指数等，往往对应一些股息率高且稳定的指数基金，投资者可以多加关注，进行挑选和投资。

　　对于一只指数基金，投资者最好能在股息率较高时买入。往往在大熊市，指数容易被低估，此时投资者就要细心挑选指数基金，选择那些被低估的、股息率高的指数基金进行投资，并且当投资额较大时，很有可能在未来持续获得丰厚的现金分红。

使用最大回撤止盈法,避免止盈机会错失

基金市场是瞬息万变的,特别是在牛市中,投资者既想即时卖出,又想等待再次上涨的机会,因而在卖出时会有很多顾虑。为了帮助投资者更好地抓住牛市止盈的机会,有效地获取投资收益,我们可以采用最大回撤止盈法在牛市止盈。最大回撤止盈法的使用也要结合定投累计收益率,在确定定投收益率达到理想值时,就可以结合最大回撤止盈法止盈。

最大回撤止盈法的理解

最大回撤止盈法是牛市中常用的一种止盈方法。在使用最大回撤止盈法之前,我们先来了解一下什么是最大回撤。

最大回撤也称为最大回撤率,是指在选定周期内任一历史时点往后推,基金净值出现最高值之后,向下回落到一个最低点,这个最低点相对于最高点下降的幅度就是最大回撤数值,也就是最大跌幅的绝对值,通常用百分数表示。

最大回撤是一个风险指标,用来描述买入的基金产品可能出现的最糟糕情况。

最大回撤止盈法的使用

在牛市中,要使用最大回撤止盈法时,先选定一段时间测算出最大

回撤幅度；再确定一个投资者满意的定投累计收益率作为止盈的信号；最后，每日监测基金净值（指数收盘价）的回撤，一旦定投累计收益率达到止盈信号的目标值，且回撤幅度大于所设最大回撤阈值时，就可以清仓以锁定收益。

例如，有投资者定投跟踪沪深300指数的基金产品，以累计收益率达100%为止盈信号线，考虑回撤。选择月定投并坚持定投，当定投收益率超过100%时，就需要监测这个收益率时点的基金净值往后发生的最大回撤，在触发最大回撤时开始对这个时点之前的基金份额进行止盈。此时，定投计划并不终止，仍然按照月定投的频率继续，直到收益再次达到100%时再开始监测，如此循环往复操作，能够利用好牛市，尽可能实现最大投资收益。

在使用最大回撤止盈法时，最大回撤阈值的设定对止盈收益有着重要的影响。例如，在投资者定投跟踪沪深300指数的基金产品时，发现当最大回撤阈值从5%增加到15%的过程中，定投收益率会出现下降趋势。当然，这只是针对跟踪某一指数的一种投资经验，并不能代表对所有指数都有效。因此，投资者对指数基金设置最大回撤阈值时，可以参考历史定投收益的变化趋势设置一个相对合理的数值。不过，最大回撤阈值设置过大时，投资者面临的风险相应也更大，这一点需要注意。

最大回撤止盈法的局限

最大回撤止盈法虽然可以有效改善定投收益率，但也有一定的局限。

（1）只有相对合理的最大回撤阈值，最佳的最大回撤点较难确定。在设定最大回撤阈值时我们发现：当设定的阈值较小时，投资者容易错失之后继续上涨的牛市；当设定的阈值较大时，投资者承担的风险相对更高。所以，市场走势的不确定性让最大回撤阈值的设置存在一定的难度，投资者需要谨慎对待。

这也意味着，投资者使用最大回撤止盈法时，往往不能卖在最高点，而是卖在最高点之后的相对高点。

（2）对参考的止盈信号设置有一定的限制。在定投中使用最大回撤止盈法，当参考的止盈信号线设置得过高时，经常会错过一些小牛市的收益率。例如投资者将累计收益率设置为100%，很可能会错过收益率在80%~90%时的收益机会。因此投资者要根据自己投资品种的特性以及自己对收益率的预期来合理设置止盈信号，以充分发挥最大回撤止盈法的作用。

在基金定投中，可以说没有十全十美的止盈方法，只有适合不同投资者、不同指数基金的止盈方法，投资者可以根据自身的使用习惯及选择的投资产品，挑选适合自己的方式，在必要的时候进行定投基金的止盈。对于止盈结束获得的投资收益，投资者可以继续用于投资（继续寻找新基金进行投资，也可以继续投资该基金），以便让止盈之后的收益得到有效的利用。

第10章

关注潜在风险,坚持正确的基金定投理念

任何投资都有风险,只是风险的大小有差距。在基金定投的过程中,投资者也要具备风险意识,从而认清投资中潜在的各类风险,尽可能地关注这些风险。关注投资中的潜在风险,不仅可以帮助投资者有效应对投资中出现的各类风险,还能在一定程度上帮助投资者认清自身的风险承受能力,从而树立正确的基金定投理念,合理进行基金定投。

基金投资常见的五大风险及风险衡量

尽管我们认为基金定投跟随市场波动,可以在市场高点少买基金份额,在市场低点多买基金份额,从而起到平摊风险的作用,但是只有这样一种认识很可能会让投资者认为基金定投比较安全,不用顾忌风险。其实不然,基金作为一种理财产品,其中的股票型基金、混合型基金等品种,除了要面对市场整体的风险之外,还要面临它们本身的风险。所以,投资者做基金定投,树立风险意识至关重要。

基金定投要面临的五大风险

在投资基金的过程中,所有投资者都要面临这五大风险:市场风险、流动性风险、未知价风险、管理运作风险、基金投资品种固有的风险。这五大风险可以说是基金最普遍的潜在风险,这里我们就来对这五大风险进行了解。

1. 市场风险

市场风险指证券市场本身所具有的风险,是任何基金产品都要面临的风险。例如,国际国内的政治、经济政策变动等,都会给证券市场带来一定的波动,使证券产品的价格产生大幅波动。尽管基金本身具有一定的抗风险性,但对基金本身所面临的市场风险认识不到位,仍然会让计划长期定投的投资者产生很多顾虑。所以,在进行基金定投时,投资者要对市场风险有整体的认识,这能帮助投资者更好地将长期定投坚持下去。

2. 流动性风险

流动性风险指基金卖出时投资者面临的变现困难和不能在适当的时机以适当的价格变现的风险。同样地，任何投资工具都有流动性风险。例如，一些开放式基金的流动性风险主要表现为：当面临巨额赎回或暂停赎回的情况时，投资者可能要面临无法赎回或因净值下跌而低价赎回的风险。

3. 未知价风险

未知价风险主要表现在开放式基金的申购和赎回上。我们知道开放式基金要求按照当天的净值申购和赎回，但开放式基金当天的净值只能在股市收盘后计算出来，所以投资者在当天申购和赎回基金时，并不知道最终的实际交易价格。所以，投资者在申购和赎回前看好的价格，由于市场的不确定性，往往与实际的交易确认价格有一定的出入，这就是投资者要面临的未知价风险。

4. 管理运作风险

管理运作风险是与基金管理公司相关的风险。我们知道，当基金公司有严密的内部控制制度和风险控制体系时，才能保证基金管理运作的基本环境处于良好状态；同时，基金经理及投资团队的能力水平对基金风险的高低也有重要的影响。这就是我们让投资者挑选那些规模较大、综合排名靠前的基金公司的原因。可以说，选对基金公司，能在一定程度上有效化解基金管理运作的风险。

5. 基金投资品种固有的风险

基金投资品种固有的风险与基金的投资方向和所追求的投资目标密切相关，这是基金产品诞生之后本身就具有的一种风险。我们知道，在各类基金投资品种间，股票型基金本身固有的风险较高。而在股票型基金中，因为投资目标的不同，那些投资于成长潜力较强的小盘股的基金，风险相对更高；那些投资于业绩稳定的大盘股的基金，风险相对更小。

股票型基金的定投风险衡量

定投更加偏好那些波动幅度较大的股票型基金,因此,衡量股票型基金的风险大小是我们认识定投环节中的一个重点。那么股票型基金的投资风险该如何衡量呢?

1. 参考基金的历史风险

基金的历史风险,往往体现在该基金的历史收益波动幅度及发生的历史最大亏损比率。通过参考一只股票型基金的这些历史信息,我们能对该基金的风险水平有一定的了解,以及该基金的风险大小是否在我们的可接受范围内。

衡量股票型基金的历史风险,除了从该基金本身出发外,还可以与相同市场背景下的同类基金进行比较,来发现该基金的抗风险水平。

2. 借助专业的基金评级

目前,市场上有很多优秀的投资咨询机构,它们能对基金进行专业的评级,投资者可以借鉴这些机构对基金的评级,来衡量一只股票型基金的风险水平。例如,晨星咨询对基金的星级评级,就能帮助投资者认识一只基金的风险收益特征,所以晨星基金评级可以作为投资者了解和挑选基金的一个途径。

3. 根据投资的集中度

基金的投资集中度包括两方面的内容:行业集中度和持股集中度。

基金投资的行业集中度体现在基金的投资板块上。如果行业集中度过高,那么当市场的某一板块出现下跌时,基金业绩就会出现相应的下滑,这对投资者经受风险的素质有较高的要求。关注基金行业集中度就是关注基金是投资于某一行业,还是分散投资于多个行业。

持股集中度类似于行业集中度,就是一只基金是主要投资于某一只股票,还是分散投资于多只股票。

基于我们对资产组合的认识,我们一般认为投资集中度越低的基金,即投资越分散的基金,相应的投资风险会越小。

投资风险是一个需要投资者严肃对待的话题。如果投资者仔细阅读基金招募说明书,就会发现其中很多地方对投资的风险进行了介绍。任何基金产品都摆脱不了投资风险,我们也不能对任何一只基金的风险和收益做保证,一只基金除了要在市场中承受相应的市场波动风险之外,还要承担投资标的对应的风险,以及其他各类风险。所以,投资者在投资的过程中,对投资风险这一事项要多加注意。

坚持价值投资，及时纠正不良投资习惯

基金是一种适合长期投资的理财工具。在基金投资中，我们认为价值投资更能为投资者带来可靠的投资收益。就价值投资而言，价值的实现往往需要时间的配合。基于对价值投资的认识，投资者要能对自己的投资习惯有清晰的认识，这对于帮助投资者做好基金定投有重要的作用。

价值投资，就是坚持长期投资理念

在基金投资的过程中，我们要对价值投资加以重视。基金经理会选择那些成长性、稳定性有保证的股票进行投资，而普通投资者就要选择那些发展空间较大的基金公司中的基金产品。一般认为，好公司会吸引更多的优秀基金经理，优秀基金经理才有可能选择到那些价格被市场低估、上涨空间较大的股票进行投资，这就为坚持价值投资的基金投资者提供了必要的基金产品。

虽然基金定投偏好波动幅度较大的基金，但长期业绩稳健上涨的基金，同样能为投资者带来可观的投资收益，只要投资者在低位多投，甚至在低位时一次性买入足够的份额，同样能在价值上涨到市场高点时赢得更多的收益。例如，在长期投资领域最有代表性的股神巴菲特，他的平均持股时间是17年，平均每年能获得的投资回报率是21.5%。

所以，作为基金投资者，可以保持长期利用闲钱进行投资的习惯，进而利用市场价值上涨获利。同时，在进入基金市场之后，投资者还要有经受投资失败的勇气和心理状态。

不良投资习惯要如何改正

通过对投资者的研究发现，投资者在定投的过程中，也会表现出一些不良的投资习惯，特别是一些初入基金市场的投资新手，在具体的投资策略、投资理念等不明确的前提下，更容易出现一些对投资不利、对自身不利的行为习惯。投资者的这些不良投资习惯，主要表现在以下几方面。

1. 对投资产品关心过度

我们已经知道，我们所买的基金，都是交给基金经理来打理的，在很多情况下，投资者只要付出购买资金，然后"坐享"投资收益就可以了。这不需要投资者花更多的时间关注自己所投资基金的净值走势，也不需要去盯大盘走势等，相信自己所选基金经理的能力，坚持定投，等市场上涨到可以获利的时点时及时止盈即可。

2. 容易出现盲目跟风

很多基金承销商经常会用一些营销手段来促进基金销售，面对这种情况，投资者要谨慎一些。有些基金销售宣传单大肆宣传基金经理的能力和过往业绩，这样的基金往往会受到投资者的追捧，聚集着较多的购买人群，投资者最好避开这样一类基金，如果所有投资者都汇集在这类基金跟前，容易出现盲目跟风行为。

所以，投资者在购买基金时，一定要理智些，一定要在对基金投资原理有一定了解的基础上进行基金投资，这样更容易发现一些基金销售过程中的雷区，从而有效避开，以防出现一些盲目跟风行为。

此外，投资者在选择基金时，最好关注一些老基金，也就是一些成立时间较久的基金，当然并不是所有的老基金都适合定投，只有那些市场走势比较明显、清晰的老基金才适合定投。

积极控制定投情绪,培养良好的投资素养

关于定投要具备的心态,我们在第一章已经有所了解,随着对定投更进一步的认识及参与,投资者会对定投有更加深入的理解。但是我们会发现,就算自己对定投原理有很深入的了解,可还是会对市场下跌造成的账户亏损产生一些恐慌情绪。所以,投资过程中保持良好的心态不是一件简单的事,我们要边投资边积累一些克制自己情绪的方法,以具备良好的投资素养。

定投情绪的控制

在定投过程中保持情绪稳定不是一件简单的事,即使我们非常明确自己要保持一颗平常心对待市场的涨跌,可现实中却难以做到。

例如,有位投资者对定投抱着很大的热情,而且也在了解了一定的基金定投基础知识之后才加入定投队伍,并利用基金挑选策略选择到了可靠的必需消费行业指数基金产品做定投。但作为一名投资新手,这位投资者在定投初期看到自己的持仓收益为正,并呈现增长趋势时非常开心,认为自己非常适合定投,也对自己挑选的基金非常满意,特别有信心地等待这只定投基金能够给自己带来一些工资之外的收益。

不久之后,随着白酒行业出现下跌,这位投资者定投的这只将主要资产投资于白酒行业的基金也相应地出现了一些跌幅。于是,原先已经累积了一定数目的持仓收益开始有了明显的下滑,甚至缩减了一半,

这位投资者看着非常不舍和心疼，再加上周围投资者各种"见解"的干扰，这位投资者开始动摇，再三思索之后，心灰意冷地终止了这只基金的定投计划。结果，几个月之后，白酒行业继续迎来上涨，其他一直保持定投频率的投资者在这时持仓收益都有了大幅的上涨，而这位终止了定投计划的投资者，却错过了这样的收益上涨机会，追悔莫及。

可见，在定投过程中保持自己的情绪稳定真不是一件简单的事，我们的投资情绪非常容易受到市场涨跌的影响。不过投资者也不要因为自己一时出现的这些情绪波动而不安，很多投资者都会有这样的经历，只要我们在投资过程中保持理智，能认识到自己的这些情绪变化，并及时调整自己的情绪即可。投资者要在基金市场中多多磨炼，实践是帮助投资者积累投资经验的有效途径。

基民要具备的四种基本素养

对基金投资者来说，坚持做好基金定投，还需要具备一些基本素养：财商、财智、理性、恒心。

1. 财商

财商就是投资者的理财意识。随着经济的发展，居民的收入也大幅提升，金融市场的理财产品也如雨后春笋，丰富多彩的投资产品进入人们的生活。有财商的人开始抓住机遇，关注社会中的投资机会，让自己闲置的资金运转起来，于是理财成为这些人生活的一部分。理财是人们对自己资金投向的一种规划，具备理财意识，投资者才会有动力进行理财活动。

2. 财智

财智就是理财知识。虽然基金定投比较简单，但是基本知识是不可或缺的。尽管我们不需要达到像理财专家那样专业的程度，但掌握一定的基金投资基础常识，能让我们的投资行为变得更加理性，有效降低投资的盲目性。

例如，基金定投的主要对象——指数基金，虽然它只是基金中的一类，但是指数基金包含的内容非常多。将指数基金继续划分，可以将其细分为很多种类。这些不同种类的指数基金，其背后的跟踪标的、风险大小、投资时机等都有差异。投资者在进行投资前，一定要将投资的产品了解清楚，这对投资收益的获取至关重要。

3. 理性

理性就是要做到理性投资。首先，要选择适合自己的投资产品做定投，并能对所选基金的收益有一个合理的预期；其次，投资者要认识到投资中存在的风险，不同种类的基金产品，其风险大小差异较大，特别是股票型的基金，更需要谨慎，选择与自身风险承受能力相匹配的基金产品做定投。

4. 恒心

恒心就是要坚持长期投资。基金定投是一个长期投资的过程，需要投资者长期坚持投资，这样才能获取时间变化带来的价值增长。因此，长期投资的恒心对定投成功至关重要。

金融市场是动态变化的市场，没有永不停息的上涨，有涨必有跌，这是市场规律。所以投资者要形成正确的投资观，用成功基民需具备的基本素养来武装自己，走上成功基民之路。

附录　基金投资常用术语

附表1　基金投资常用术语

术语	解释
建仓	对于基金公司来说，就是指一只新基金公告发行后，在认购结束的封闭期间，基金公司用该基金第一次购买股票或者投资债券等（具体的投资要视该基金的类型及定位来确定）。对于私人投资者（例如广大基民）来说，建仓就是指第一次买基金
持仓	投资者手上持有的基金份额
加仓	建仓时买入的基金净值涨了，继续加码申购
补仓	原有的基金净值下跌，基金被套一定的数额，这时于低位追补买进该基金以摊平成本
满仓	将所有的资金都买了基金，就像仓库满了一样。大额资金投入的叫大户，更大的叫庄家；小额资金投入的叫散户，更小的叫小散户
半仓	用一半的资金买入基金，账户上还留有一半的现金。如果是用70%的资金叫7成仓，用50%的资金叫5成仓……以此类推。半仓操作是降低风险的一个措施
空仓	把某只基金全部赎回，得到所有资金；或者把全部基金赎回，手中持有现金
平仓	买入后卖出，或卖出后买入
做多	表示看好后市，现以低净值申购某基金，等净值上涨后收益
做空	认为后市看跌，先赎回基金，避免更大的损失。等净值真的下跌再买入平仓，待净值上涨后赚取差价
踏空	由于基金净值一直处于上涨之中，净值总是在自己的心理价位之上，无法按预定的价格申购，一路空仓，就叫踏空
逼空	基金涨势非常强劲，基金净值不断抬升，使做空者（后市看跌而先期卖出的人）一直没有好的机会介入，亏损不断扩大，最终不得不在高位买入平仓。这个过程叫逼空

（续表）

术语	解释
重仓	这只基金买某种股票，投入的资金占总资金的比例最大，这种股票就是这只基金的重仓股。同理，如果你买了三只基金，有70%的资金都投资在其中一只上，那么这只基金就是你的重仓基金
基金的发行价格	基金发行时由基金发行人所确定的向基金投资人销售基金单位的价格
基金的市场价格	基金投资人在证券市场上买卖基金单位的价格
基金净值	基金净值＝（总资产－总负债）÷基金份额总数
基金累计单位净值	基金成立以来每个基金单位的所有收益。由于在基金分红时会将一部分盈利分配给投资者，这时基金净值会减少，但单位累计净值并不会因分红而减少。因此，单位累计净值可以比较直观和全面地反映基金在运作期间的历史表现
基金开放日	基金契约中规定的投资者可以在销售网点办理基金交易业务的日期
基金拆分	又称拆分基金，指在保持基金投资人资产总值不变的前提下，改变基金份额净值和基金总份额的对应关系，重新计算基金资产的一种方式
基金的收益率	基金证券投资实际收益与投资成本的比率
个人投资者	是相对机构投资者而言的，指符合法律法规规定的条件可以投资证券或基金的自然人
基金募集期	基金合同和招募书中载明的，并经中国证监会核准的基金份额募集期限